Ratgeberecke

Arbeitslosengeld & Hartz IV

Tipps, Tricks, Formularerklärungen und Checklisten rund ums Arbeitslosengeld (ALG I) und Hartz IV

Andrea Meiling
und
Rainer Lehmann

Bibliografische Information der Deutschen Nationalbibliothek
Die Deutsche Nationalbibliothek verzeichnet diese Publikation in der Deutschen Nationalbibliografie; detaillierte bibliografische Daten sind im Internet über http://dnb.d-nb.de abrufbar.

1. Auflage: 200 Exemplare
Herstellung: Books and Demond GmbH, Norderstedt
Herausgeber: Meiling-Verlag, Wasbüttel
ISBN: 9783837011272

Die Serie „Ratgeberecke“ entstand aus den Erfahrungen, dass sich auch die Autoren ständig mit den Schachtelsätzen in den deutschen Gesetzen und Formularen herumschlagen mussten. Nirgends gab es eine leichte Erklärung, die nachvollziehbar gewesen wäre. Von wirklichen Hilfen ganz zu schweigen und schon gar keine Tricks und Tipps, wie weit ein Amt gehen darf, was erlaubt ist, was nicht.
Zum Schluss saßen die Autoren in einem Haufen Bücher und mussten sich dadurch wühlen.
Dieses Wissen findet hier gesammelt und aktualisiert auf dem neusten Stand sein Publikum.
So ist diese Serie als eine Art Hilfe zur Selbsthilfe gedacht.
Formulare werden kinderleicht erklärt, zu dem gibt es Checklisten zu den Formularen, auf mögliche Fallstricke hingewiesen und legale Tricks, Tipps und Quellen genannt, die tatsächlich weiterhelfen und weniger bekannt sind.
Fragen oder Hinweise werden gern vom Meiling-Verlag unter Meiling-Verlag@web.de aufgenommen.

Arbeitslos

Arbeitsämter heißen heute **Agentur für Arbeit**. Für Arbeitslosengeld II sind es die **Arbeitsgemeinschaften**.
Zuständig sind sie für alle Ausbildungssuchenden oder Arbeitslosen bzw. von Arbeitslosigkeit bedrohten Personen. Sie sollten bei der Arbeitssuche helfen, zeichnen sich aber in der Regel durch Inkompetenz und Halbwissen aus. Der Spruch
"Ich kenne niemanden, der durch das Arbeitsamt je einen attraktiven Job bekommen hat."
ist nicht ohne Grund im Umlauf.

Wenn du also auf diese Ämter angewiesen bist, dann lies die nachfolgenden Kapitel gründlich und mehrmals.

Jeder von uns kann arbeitslos werden. Hat man noch vor 20 Jahren auf jene herab gesehen, die die „Stütze" erhielten und gemeint, jeder kann Arbeit finden, wenn er nur will, so ist dieses Schreckgespenst allgegenwärtig und kann jeden treffen, egal welche Bildung oder welchen Hintergrund er hat.

Also auch dich.
Du wirst es ca. 3 Monate vorher erfahren und kannst dich entsprechend vorbereiten. Aber nicht nur allein mit diversen Bewerbungen, sondern mit den auch in anderen Ratgebern dargestellten Sparpotentialen, die sicherlich in Monaten ausprobiert werden sollten, wenn deine Finanzen noch nicht so arg strapaziert sind.

Sobald du den „blauen Brief“, sprich die Kündigung in den Händen hältst, dann handele. **Dein erster Weg** sollte sofort zum Arbeitsamt führen, auch wenn du glaubst, schon bald eine neue Arbeit zu haben. Vorsicht ist die Mutter der Porzellankiste, zu
viele Hoffnungen sind auf dem knallharten Arbeitsmarkt zerplatzt. Absagen kannst du beim Arbeitsamt alles zu jeder Zeit.

Stell dich aber auf viel Papierkram und lange Wartezeiten ein. Am besten vereinbarst du
telefonisch einen Termin und füllst die Papiere zu Hause aus.
Du kannst die notwendigen Formularblätter aus dem Internet herunterladen oder holst sie am Informationsschalter des Arbeitsamtes ab.

Schweißausbruch angesichts der vielen Blätter ist nicht notwendig, wir zeigen dir, wie es geht. Wir werden Arbeitslosengeld I und Arbeitslosengeld II unterteilen und dir zeigen, wo du in deiner Nähe deine Agentur für Arbeit findest.
Welche Papiere du im Einzelnen benötigst, werden wir dir an Hand einer Checkliste erläutern. Sehen wir uns als erstes das Arbeitslosengeld I an.

Arbeitslosengeld I

Für die Definition Arbeitslosigkeit hat sich der Gesetzgeber etwas Besonderes einfallen lassen. Denn Arbeitslos bist du dann, wenn du:

► In keinem Beschäftigungsverhältnis stehst
► Dich bemühst diesen Zustand zu verändern - auch Eigenbemühungen genannt
► Den Vermittlungsangeboten des Arbeitsamtes zur Verfügung stehst.

Weiterhin hast du dich **3 Monate vorher** arbeitslos zu melden, es sei denn, du hast innerhalb dieser drei Monate erst davon Kenntnis erhalten, dass du gekündigt wirst, dann beträgt deine Meldefrist ganze **drei Tage**. Und nun wird es lustig, hältst du dich nicht daran, bekommst du für die **ersten 7 Tage** deiner Arbeitslosigkeit kein Geld. Anspruch auf Arbeitslosengeld I oder auch ALG I genannt, hast du, wenn du:

► Arbeitslos bist oder von der Arbeitslosigkeit bedroht bist
► Bei der Agentur für Arbeit dich arbeitslos gemeldet hast
► In einem Zeitraum (Rahmenfrist) von 24 Monaten mindestens 12 Monate versicherungspflichtig gearbeitet hast und solange du nicht mehr als 150 Tage im letzten Jahr gefehlt hast. Sonst müssen die letzten 24 Monate zur Berechnung herangezogen werden.

Die Höhe des ALG I richtet sich nach dem Bemessungsentgelt. Dieses wird aus dem
dir in 12 Monaten gezahlten Bruttoeinkommen errechnet. Das wird wiederum durch
365 Tage geteilt und dann werden noch:

- ▶ Beiträge zur Sozialversicherung pauschal 21%
- ▶ Die Lohnsteuer entsprechend der Lohnsteuertabelle
- ▶ und der Solidaritätszuschlag

abgezogen.
Daraus ergibt sich dann das Leistungsentgelt und das wiederum wird mit dem Leistungssatz (67% für Arbeitslose mit Kindern und 60% für alle anderen) multipliziert. Abschließend bekommst du diesen täglichen Zahlbetrag auf 30 Kalendertage pro Monat ausgezahlt, vorausgesetzt du hältst dich an alle Spielregeln der AfA (Agentur für Arbeit).
Doch bevor wir uns mit den diversen Sperrfristen und Kürzungen beschäftigen, zeigen wir dir ein Beispiel für die Berechnung auf der nächsten Seite.

Berechnungsbeispiel Arbeitslosengeld I für Familie mit zwei Kindern ohne Nebeneinkünfte:

Der Bemessungszeitraum setzt sich aus dem Einkommen der letzten 12 Monate vor dem Eintritt der Arbeitslosigkeit zusammen. Hattest du während der letzten 3 Jahre Anspruch auf ein höheres Bemessungsentgelt, so wird dieses bei der Berechnung zu Grunde gelegt.

Hattest du also 12 Monate lang je Monat 2750 Euro in der Lohnsteuerklasse III verdient, dann sieht deine Rechnung so aus:
12 x 2750 Euro = 33.000 Euro
Jetzt wird das Bemessungsentgelt erstellt, indem das Amt diese Summe durch die Anzahl der Tage, aus dem der bescheinigte Verdienst stammt, geteilt wird.
33.000 Euro : 365 Tage = 90,41 Euro täglich
Von diesen 90,41 Euro werden nun eine Sozialversicherungspauschale von 21,00 %, wie die Lohn-/Kirchensteuer von 7,22 % abgezogen. Der Solidaritätszuschlag entfällt hier.
90,41 Euro – 18,99 Euro – 6,53 Euro = 64,90 Euro
Von diesem Ergebnis wird nun mit 67 % der tägliche Leistungssatz gebildet und mit der Anzahl der Tage des Monats multipliziert. Das ergibt dann dein monatliches Arbeitslosengeld:
67 % von 64,90 Euro = 43,48 Euro x 30 Tage =
1.304,43 Euro Arbeitslosengeld

(Quelle, Rainer Lehmann)

Wie lange du ALG I beziehen kannst, hängt von deinem Alter und der Dauer deiner beitragspflichtigen Beschäftigung ab. Schau mal in der Tabelle nach, die wir dir auf der nächsten Seite anhängen.

Altregelung bis 31. Januar 2006			Neuregelung ab 1. Februar 2006		
Mon. Beschäft.	Lebensalter in J.	ALG I in Mon	Mon. Beschäft.	Lebensalter in J.	ALG I in Mon.
12	-	6	12	-	6
16	-	8	16	-	8
20	-	10	20	-	10
24	-	12	24	-	12
30	45	14	-	-	-
36	45	18	-	-	-

44	47	22	-	-	-
52	52	26	30	55	15
64	57	**32**	36	55	**18**

(Quelle Wikipedia)

Du kannst dir natürlich auch **bis zu einem Freibetrag von 165 € etwas hinzuverdienen. Dabei darfst du nicht mehr als 15 Stunden die Woche arbeiten und alles was nach Abzug der Steuern, Sozialversiche-rungsbeiträgen und Werbekosten den Freibetrag von 165 € übersteigt, wird dann auf dein Arbeitslosengeld angerechnet.**

Wir haben schon die Sperrzeiten angesprochen und nun werden wir genauer darauf eingehen.

Sperrzeit bedeutet, dass die Leistung der AfA für einen bestimmten Zeitraum gestrichen oder teilweise wegen einem versicherungswidrigen Verhalten von dir einge-stellt wird. Solch ein Verhalten liegt vor, wenn du zum Beispiel:

► deine Arbeitslosigkeit ohne triftigen Grund selbst her-beigeführt hast oder fahrlässig verursacht hast,

► ein von der AfA vorgeschlagenen Job ablehnst oder dich nicht bei dem potentiellen Arbeitgeber vorsprichst
► deine eigenen Bemühungen, um einen Job (also Bewerbungen) nachweisen kannst, d.h. hebe jede Bewerbung und Ablehnung auf
► du jegliche Umschulungs- oder Weiterbildungsmaßnahmen der AfA nicht annimmst oder ausschlägst
► bzw. diese sogar abbrichst oder einen Abbruch durch dein Verhalten provozierst
► du die wie auch immer gearteten Termine zum Melden bei der AfA versäumst und diese nicht rechtzeitig mit Begründung abgesagt hast
► oder deine Arbeitslosigkeit zu spät meldest (siehe oben).

Tipps zum Umgehen von manchen dieser Sperrfristen, in dem du einen guten Grund hast, den die AfA nachvollziehen kann. Dazu gibt es schon einige Entscheidungen bei den Sozialgerichten, **anerkannt wurden familiäre wie gesundheitliche Gründe.**

Nun aber aufgepasst! Durch die Einsparungspolitik sollten laut **www.Tachelessozialhilfe.de** (2003) Versäumnisse provoziert werden.
Unter anderem wurde darin dargestellt, dass bei Nichterscheinen zu den Terminen des Arbeitsamtes die von dir dafür vorgetragenen Gründe sehr eng gesehen und geprüft werden sollten. Selbst wenige Minuten Verspätung konnten schon mit einer Säumnisstrafe geahndet werden.
Verlängerte Wochenenden und Brückentage rund um die Feiertage wurden und werden sehr gern als Termine für Veranstaltungen oder Termine der AfA vergeben, in

der Hoffnung, dass dann weniger Arbeitslose erscheinen und so wieder Säumnisstrafen verhangen werden können (das können wir aus eignem Erleben erst vor kurzem bestätigen).

Tipp: Wenn du einen Termin absagen musst, dann nicht anrufen, sondern ein Schreiben per Einschreiben verschicken oder persönlich abgeben, in dem du darlegst, warum du an diesem Termin nicht erscheinen kannst.

Tipp: Wenn Du ein Vermittlungsangebot von der AfA erhalten hast, solltest du dir dein Erscheinen bei dem potentiellen Arbeitgeber bestätigen lassen. Sollte der Arbeitgeber sich der AfA gegenüber negativ über dich äußern (du wärst nicht da gewesen oder hättest kein Interesse gehabt), kann es zu einer sofortigen Sperre deiner Bezüge kommen.

Bei den Sperrzeiten wegen Herbeiführen der Arbeitslosigkeit wird schon lange nicht mehr der Grund bei leichten Zweifeln zu deinen Gunsten ausgelegt. Im Gegenteil, alles wird akribisch und lückenlos nachgeprüft.

Dass dir der Zugang zu den Leistungen so schwer wie möglich gemacht werden soll, ist allgemein bekannt. Also wirst du innerhalb weniger Wochen immer wieder aufgefordert, deine eigenen Bemühungen um einen Job nachzuweisen.

Tipp: Bei schriftlichen Bewerbungen verschicke diese per Einwurfeinschreiben und bei Onlinebewerbungen drucke dir diese mit Datum und Uhrzeit aus und lege diese der AfA vor.

Achtung ! Solltest du es tatsächlich schaffen und innerhalb eines Jahres auf 21 Wochen Sperrfrist zu kommen, erlischt dein Anspruch auf dein Arbeitslosengeld endgültig.

Tipps bei Beendigung deines Arbeits- bzw. Beschäftigungsverhältnisses (Abfindung, Entschädigung oder ähnliche Leistungen)

Wenn du wegen der Beendigung des Arbeitsverhältnisses eine Abfindung, Entschädigung oder ähnliche Leistung (Entlassungsentschädigung) erhalten sollst oder zu beanspruchen hast, dann ist es **unbedingt notwendig, das die ordentliche Kündigungsfrist des Arbeitgebers bei der Kündigung oder Aufhebungsvereinbarung eingehalten wird.**
Sollte das nicht der Fall sein, **r u h t** dein Anspruch auf Arbeitslosengeld. Das bedeutet, dass der Beginn der Zahlung von Arbeitslosengeld hinaus geschoben wird. Die Anspruchsdauer wird hier durch **n i c h t** gekürzt.

Solange der Anspruch auf Arbeitslosengeld ruht, besteht:

► **K e i n** Kranken- oder Pflegeversicherungsschutz
► Es werden auch **k e i n e** Beiträge zur gesetzlichen Kranken- und Pflegeversicherung entrichtet.

Der Anspruch **ruht nicht:**

▶ wenn das Arbeitsverhältnis mit einer Frist beendet wurde, die der ordentlichen Kündigungsfrist des Arbeitsverhältnisses entspricht

▶ wenn das Arbeitsverhältnis von vornherein befristet war und durch Ablauf der Frist endet

▶ wenn der Arbeitgeber das Arbeitsverhältnis aus wichtigem Grund ohne Einhaltung einer Kündigungsfrist kündigen konnte (fristlose Kündigung).

Beispiel:

Dein Arbeitgeber bietet allen Arbeitnehmern, die innerhalb der nächsten 12 Monate aus seinem Betrieb ausscheiden, eine Entlassungsentschädigung an. Daraufhin kündigst du dein Arbeitsverhältnis am 15. Mai zum 30. Juni. Deine tarifvertragliche Kündigungsfrist beträgt 6 Wochen zum Quartalsende, die deines Arbeitgebers 3 Monate zum Quartalsende. Dein Arbeitgeber hätte somit das Arbeitsverhältnis am 15.5. erst zum 30. September ordentlich kündigen können.
Das Arbeitsverhältnis ist daher nicht fristgerecht gekündigt. Die Gewährung einer Entlassungsentschädigung bewirkt daher ein **Ruhen** des Anspruchs auf Arbeitslosengeld.

Fazit:
Wenn du wegen der Beendigung des Arbeitsverhältnisses eine Abfindung (Entschädigung oder ähnliche Leis-

tung, z.B. Entlassungsentschädigung) erhalten sollst oder zu beanspruchen hast, dann ist es unbedingt notwendig, dass die

ordentliche Kündigungsfrist des Arbeitgebers

bei der Kündigung oder Aufhebungsvereinbarung eingehalten wird.
Ist das Austrittsdatum nicht mehr zu verändern, geh zu deinem Arbeitgeber und besprich mit ihm die Möglichkeit einer einvernehmlichen Lösung.

Vorschlag: Im Rahmen einer einvernehmlichen Vereinbarung wird die Kündigungsfrist für **Arbeitgeber und Arbeitnehmer** auf den Zeitraum reduziert, der ein Ruhen des Anspruchs auf Arbeitslosengeld ausschließt.

Beispiel hier: 6 Wochen zum Quartalsende.
Quelle: Ruhensregelung des § 143 a SGB III
Merkblatt Agentur für Arbeit

Antrag auf Arbeitslosengeld

Und nun werden wir dir durch den Antrag auf Arbeitslosengeld helfen, denn der hat es in sich.
Schon das Feld zum Anfang kann verwirren. Dieser Antrag vereint nämlich **5 Anträge in einem**.

Beginnen werden wir mit dem **Arbeitslosengeld** und geben dir auch eine Checkliste mit, in der wir dir aufzeichnen, was du für Unterlagen benötigst.
Hast du diesen Antrag erst einmal ausgefüllt, bereiten dir die anderen Anträge auf Arbeitslosenhilfe und Teilarbeitslosengeld keine Probleme.

Wenn du den Antrag ausfüllst, so achte darauf, dass du die **oberste Frage im rechten Feld immer beantwortest**. Musst du sie mit „Nein“ beantworten, so kannst du mit der nächsten Zeile fortfahren und musst dich nicht um das kümmern, was sonst unter diesem Punkt noch gefragt wird.

Als erstes füllst du das oberste Feld aus und trägst deine Kreuzchen bei Antrag und Arbeitslosengeld ein. Dann gehst du weiter zu Block 1, der sich mit deinen persönlichen Angaben befasst:

Zeile 01: Eintrag des Familiennamens

Zeile 02: Eintrag des Vornamens

Zeile 03: hast du einen Titel wie Dr. oder Diplomkaufmann, dann gehört er hierhin.

Zeile 15 – 17: betreffen deine Adresse und deine Staatsbürgerschaft.

Zeile 16: beschäftigt sich mit deinem Geburtsdatum und deiner Sozialversicherungsnummer. Ist dir nämlich noch keine Sozialversicherungsnummer vergeben worden, so wird man spätestens das jetzt an Hand deines Geburtsdatums tun, du musst nur das entsprechende Kästchen ankreuzen. Hast du die Nummer schon bei deinem Sozialversicherungsträger beantragt, dann streiche dieses Kästchen an.

Zeile 18 – 19: erfragt deine Kontoverbindung, da sämtliche Leistungen überwiesen werden und nicht mehr bar ausgezahlt werden. Dazu musst du der Kontoinhaber sein (hast du noch kein eignes Konto, dann solltest du spätestens jetzt eins einrichten. Viele Banken bieten Guthabenkonten an und wenn du eins mit Onlinebanking nimmst, dann hast du kaum Gebühren.).

Zeile 22: hier trägst du ein, seit wann du verheiratet bist (die Jahreszahl ist ausreichend), sowie den letzten aktuellen Familienstand.

Nun wird es undurchsichtig, denn jetzt erhältst du vom Arbeitsamt mitten im Antrag eine **Checkliste**, was du alles mitbringen sollst. Das ist ja nicht schlecht, aber lass diesen Abschnitt erst einmal außer Acht, sondern nimm dir die andere Seite mit
dem Block 2 vor. **Hier wird alles zu deiner Arbeitslosigkeit und deiner Arbeitsvermittlung erfragt.**

Zeile 2a: natürlich bist du bereit, alles in deinen Kräften stehende zu tun, um die Arbeitslosigkeit zu beenden. Also „Ja“ ankreuzen und nicht vergessen, die Bewerbungspauschale zu beantragen. (Sammele alle Absagen, Vorstellungstermine und Belege von deinen Ausgaben für Hefter und Fotos. Verlass dich nicht allein auf die Jobangebote der AfA, sondern suche auch selbst und halte deine Bemühungen fest, durch Kopien der Bewerbungen. Das nennt man dann Eigenbemühungen. Vorsorglich weist man dich auch hin, dass dies im Merkblatt unter 1 steht.)

Zeile 2b: Hier wird gefragt, ob du eine Zweitbeschäftigung ausübst oder ausüben wirst.
Bei den meisten wird es „nein“ sein und dann kann mit Zeile **2c** weitergemacht werden. Übst du aber eine Beschäftigung von 15 Stunden pro Woche als Arbeitnehmer aus oder bist du mit 18 Stunden wöchentlich im Familienbetrieb beschäftigt, dann gib das lieber an. Die Strafen für Betrug bei Arbeitslosengeld sind hart. Du wirst angeben müssen seit wann du beschäftigt bist und eventuell bis wann, welche Tätigkeit du dort ausübst, deine wöchentliche Arbeitszeit, deinen Arbeitgeber und dein Bruttogehalt. Auch ehrenamtliche Tätigkeiten müssen angegeben werden.

Zeile 2c: Bist du krank geschrieben, dann trage hier ein von wann, bis wann (mit Datum).

Zeile 2d: Gibt es Gründe, warum du nur eingeschränkt vermittlungsfähig bist? Das bedeutet, Du kannst nur eine bestimmte Stundenzahl in der Woche (z.B. wegen Pflegetätigkeit der Pflegestufe II, also maximal 30 Stunden) arbeiten. Oder Du kannst nur eine bestimmte Tätigkeit (eine sitzende Tätigkeit aus gesundheitlichen Gründen) ausüben, dann musst du hier das „Ja“ ankreuzen und die Gründe dafür in den weiteren Unterpunkten erläutern. Dabei wird erfragt, ob du deine letzte Tätigkeit weiterhin ausüben kannst und ob du bereit bist, dich ärztlich begutachten zu lassen durch einen beauftragten Arzt der AfA. Sollten deine Einwände nichts mit deiner Gesundheit zu tun haben, sondern eventuell mit der Betreuung eines nahen Familienangehörigen, dann trage dies unter Sonstiges ein, auch ob die Pflege bzw. Betreuung gesichert ist.

Zeile 2e: Bist du in der Ausbildung oder möchtest eine aufnehmen, dann trage dies hier ein mit dem Datum von wann bis wann (hierzu musst du das **Zusatzblatt für Schüler/Studenten** ausfüllen).

Den Rest dieses Abschnitts füllt die Arbeitsagentur aus. Die **Abschnitte 3 bis 6** sind genau auszufüllen, denn hier geht es um deine Voraussetzung zur Leistungsgewährung.

Also weiter mit **Block 3**, in dem die Angaben für die Leistungsgewährung von dir gefordert werden. Dabei geht es um deinen bisherigen Beschäftigungsverlauf, hierzu solltest du das ausgehändigte **Merkblatt 1** gelesen haben.

Zeile 3a: Hast du schon früher Leistungen von der AfA bezogen, dann musst du hier ja ankreuzen und eintragen, welche Leistung in welchem Jahr zuletzt von welchem Arbeitsamt diese dir gezahlt wurden. Wenn du deine Kundennummer nicht mehr kennst, auch nicht schlimm, dein Sachbearbeiter kann sie schnell an Hand der vorherigen Daten heraus suchen.

Zeile 3b: Wenn du an einer Weiterbildungsmaßnahme der AfA teilgenommen hast, dann musst du diese Frage mit ja beantworten und das Ende deiner Maßnahme eintragen.

Zeile 3c: Hier musst du lückenlos deine Beschäftigungsverhältnisse der letzten sieben Jahre eintragen. Darunter zählen

auch selbständige Tätigkeiten und Pflegezeiten nach SGB XI(also Pflege naher Angehöriger). Hast du in den letzten sieben Jahren schon einmal Leistungen der AfA bezogen, dann musst du nur seit deinem letzten Bezug deine Tätigkeiten auflisten und auch nachweisen. Für die Pflege reicht eine Bescheinigung der Krankenkasse. Bei selbständiger Tätigkeit lass dir was vom Finanzamt ausstellen.
Auch Betreuungs- oder Erziehungszeiten müssen aufgeführt werden. Ebenso Rente wegen Erwerbsminderung. Dafür gibt es ein Zusatzblatt, dass von allen ausgefüllt werden muss, die nach dem 01.01.2003 Erziehungszeiten oder Rente bekommen haben(Zusatzblatt BA II 1Z 2)

Zeile 3d: Warst du bei einem Familienangehörigen beschäftigt? Dann musst du hier deine Angaben machen. Du musst ankreuzen bei wem und in welchem Zeitraum.

Zeile 3e: Wenn deine Arbeitslosigkeit durch einen Unfall verursacht wurde, kreuze ja an und fülle den Unfallfragebogen der AfA aus.

Zeile 3f: Machst du noch Ansprüche gegen deinen ehemaligen Arbeitgeber geltend, weil die Kündigung nicht gerecht war oder dir Zahlungen für die Zeit nach deiner Kündigung zustehen, musst du das hier angeben mit dem betreffenden Arbeitgeber, dem Gericht, bei dem klagst, dem entsprechenden Aktenzeichen und dem Grund deiner Klage. Hier bietet es sich an, einfach die Klage zu kopieren und als Anlage beizulegen und bei Grund einfach darauf zu verweisen.

Im **Block 4** werden Angaben zu anderen Leistungen erfragt wie Renten wegen verminderter Erwerbsfähigkeit, Witwenrenten, Unfallrenten, Sozialhilfe, Ausgleichszahlungen und Abfindungen eines früheren Arbeitgebers. **Nicht anzugeben** sind Kindergeld und Wohngeld bzw. Pflegeleistungen. Beantwortest du die Frage mit ja,

musst du die Art der Leistung angeben, ebenso seit wann du die
Leistung erhalten bzw. beantragt hast und bei wem, und welcher Höhe du sie erhältst.
Wurde bei dir ein Grad der Erwerbsminderung festgestellt, so gib diesen hier an.

Block 5 benötigt deine Angaben zur Lohnsteuerkarte und deinen Kindern. Diese
Angaben sind wichtig und wirken sich auf die Höhe der Leistungen aus.

Zeile 5a: In dieser Zeile wirst du um Auskunft gebeten, welche Steuerklasse zu Beginn des
Jahres eingetragen war und ob sich diese Steuerklasse im betreffenden Jahr
verändert hat und aus welchem Grund. Gründe für die Änderung können Heirat, Scheidung oder Geburt eines Kindes sein. Hast du die Lohnsteuerklasse mit deinem Partner gewechselt, so musst du die Verdienstnachweise für diesen Monat vorlegen.

Zeile 5b: Hast du mindestens ein Kind, sei es dein eignes, dein adoptiertes oder das Kind deines Partners (also Stiefkind), dann gib das hier an, denn es wirkt sich positiv auf die Höhe deiner beantragten Leistung aus. In dieser Zeile musst du das jüngste Kind eintragen mit Geburtsdatum und ob für das Kind Kindergeld gezahlt wird. Hier gehört auch die entsprechende Familienkasse oder Arbeitgeber hinein. Bekommst du kein Kindergeld, dann musst du die Gründe dafür eintragen oder hast du es beantragt, dann solltest du angeben bei welcher Familienkasse der Antrag läuft. Lebt in deinem Haushalt ein Kind ab 18 Jahre und du erhältst für dieses Kindergeld, dann musst du eine Bescheinigung für deren Schul- oder Studienausbildung bzw. Belege für das

Einkommen des Kindes vorlegen.

Block 6 verlangt deine Angaben zur Sozialversicherung. Denn bekommst du Leistungen durch die AfA, dann bist du über diese auch pflichtversichert. Du wirst gefragt, ob und bei welcher Krankenkasse du versichert warst. Hast du eine neue Krankenkasse (zum Beispiel wegen günstigerer Beiträge) gewählt, dann trage dies mit Datum ein. Eine Mitgliedsbescheinigung ist hier notwendig. Bist du nicht pflichtversichert gewesen, musst du das **Zusatzblatt Sozialversicherung** der Leistungsbezieher ausfüllen. Im unteren Teil wird noch nach deinem Rentenversicherungszweig gefragt.
Mit deiner Unterschrift bestätigst du links die Richtigkeit deiner Angaben, dass du Änderungen unverzüglich (also sofort) anzeigst und das Merkblatt 1 für Arbeitslose erhalten und genau durchgelesen hast.

Rechts bestätigst du die Richtigkeit eventuell vorgenommener Änderungen. Die Änderungen müssen angegeben werden. Bist du minderjährig, bestätigt dein gesetzlicher Vertreter mit seiner Unterschrift die Richtigkeit deiner Angaben.

Checkliste:

► Personalausweis
► Lohnsteuerkarte in Kopie der Vorderseite
► Arbeitsbescheinigung
► Bescheinigung über Entgeltersatzleistungen wie Krankengeld oder Verletztengeld
► Nachweis über sonstige zurückgelegte Zeiten
► Lohnsteuerkarte und Verdienstbescheinigung des Partners
► Bescheid über früheren Leistungsbezug von anderen Arbeitsämtern
► Zusatzblatt „Bedürftigkeitsprüfung"
► Einkommens-/Verdienstbescheinigung(wird vom Arbeitgeber ausgefüllt)
► Zusatzblatt „Zusatzblatt für Schüler/Studenten"
► Zusatzblatt „Zusatzblatt BA II 1Z 2"
► Zusatzblatt „Sozialversicherung der Leistungsbezieher"
► Nachweise von Eigenbemühungen
► Belege über Nebenjob
► Krankschreibung
► Bescheid über Pflegeleistungen
► Attest für Punkt 2d
► Bescheid der Familienkasse über die Zahlung von Kindergeld
► Bei 18jährigen Kindern eine Schul-/Studienbescheinigung bzw. Einkommensnachweis des Kindes
► Mitgliedsbescheinigung der Krankenkasse

Damit hast du den ersten Teil geschafft und nun werden wir dir beim Ausfüllen der
Zusatzblätter helfen.

Die Einkommen-/Verdienstbescheinigung

erfragt **die Einkommensverhältnisse deines Partners.** Denn diese sind auch ausschlaggebend für deine Leistungshöhe, deshalb solltest du dir reiflich überlegen, ob du in dieser Zeit heiraten oder eure Lebenspartnerschaft eintragen lassen willst. Dieses Zusatzblatt ist in drei Abschnitte gegliedert, gekennzeichnet durch römische Ziffern auf der linken Randseite.

Seite 1, Abschnitt I stellen wir dir jetzt vor:

Zeile 1 bis 2: hier gehören deine persönlichen Daten wie Name, Vorname, Arbeitsamt und Kundennummer hinein, damit dieses Blatt auch wirklich dir zuordnen kann.

Zeile 3: ab hier gehört dieses Zusatzblatt nun deinem Partner. In dieser Zeile müssen die persönlichen Daten wie Name, Vorname und Anschrift angegeben werden. Weiter geht es mit den Einkommensangaben.
Anzugeben sind Lohnzahlungen oder Einkommen aus selbständiger Tätigkeit, die durch Steuerbescheide bzw. der Selbstauskunft auf der Rückseite des Antrags nachzuweisen sind. Unter den Einkommensbegriff hier fallen auch Renten und Pensionen(wobei die Rentenarten sowie der Betrag pro Monat anzugeben ist) und die monatliche Arbeitslosenhilfe/-geld, Ausgleichszahlungen.

Zeile 4: möchte von deinem Partner wissen, ob er zu irgendwelchen Unterhaltszahlungen verpflichtet ist, an wen diese gehen, welches Verwandtschaftsverhältnis dein Partner zu diesen Personen hat, wo die Personen wohnen sowie die Höhe der Zahlungen und diese müssen an Hand von Urteilen oder aktuellen Kontoauszügen nachgewiesen werden.

Zeile 5: hat dein Partner Aufwendung für die Ausübung seiner Arbeit, die ihm nicht erstattet werden, dann muss er sie hier eintragen. Darunter zählt der Arbeitsweg, Aufwendungen für doppelte Haushaltsführungen(wie Miete der Zweitwohnung und Fahrten nach Hause), Beiträge zum Berufsverband (Gewerkschaft) sowie

Zeile 5a: Arbeitsmaterialien und Berufsbekleidung. Diese Ausgaben müssen belegt werden, hat dein Partner keine Quittungen, dann verweist auf euren letzten aktuellen Steuerbescheid, in dem diese Position aufgeführt wurde.
Aber Vorsicht! Habt ihr eine gemeinsame Veranlagung und die Positionen sind nicht einzeln mehr zu zuordnen, könnte es passieren, dass die Ausgaben einfach halbiert werden. Bekommt dein Partner etwas davon erstattet, muss dies in der letzten Zeile eingetragen werden. **Die steuerliche Erstattung zählt hier nicht darunter.**

Zeile 6: hier versichert dein Partner, dass alle vorherigen Angaben der Wahrheit entsprechen mit Ort, Datum und Unterschrift.

Nun kommen wir zu Seite 2, Abschnitt II und III:

Abschnitt II: Erhält dein Partner Lohn, dann gibt er als Angestellter oder Arbeiter einfach bei seiner Lohnbuchhaltung den Antrag ab. Die füllen ihm dann alles auf Seite 2 den Abschnitt II aus und ihr habt keine weitere Arbeit damit.

Abschnitt III: Ist dein Partner selbständig oder bezieht aus irgendwelchen Einkünften ein Einkommen, dann helfen wir dir jetzt durch den Abschnitt III auf der Rückseite, der extra dafür eingerichtet wurde, falls dein Partner noch keinen steuerlichen Nachweis hat. Hier handelt es sich um eine Art Selbstauskunft, wo dein Partner die Gewinne des letzten Kalenderjahres selbst einschätzen muss.

Punkt 1: gibt es eine Einkommenssteuererklärung, aus der ersichtlich ist, was dein Partner mit seiner selbständigen Tätigkeit oder aus Einkünften wie Verpachtung, Vermietung oder aus Gewerbebetrieben verdient hat, dann kreuze dies an und legt eine Kopie von dem Bescheid mit zu dem Antrag, dann einfach unterschreiben und fertig. Gibt es diesen Bescheid noch nicht, dann musst du mit dem **Punkt 2** fortfahren.

Punkt 2: hier werden sämtliche Gewinne, die in dem betreffenden Jahr zu erwarten sind, angegeben. Dies kann durch eine Bilanz oder Einnahmeüberschussrechnung belegt werden.

Punkt 3: die zu entrichtende Einkommens- und Kirchensteuer gehören in diese Zeilen.

Punkt 4: will von deinem Partner wissen, ob sich im aktuellen Jahr die Einkünfte verringern werden und wenn ja, aus welchem Grund.

Punkt 5: hier wird wieder mit Unterschrift, Ort und Datum die Richtigkeit der Angaben bestätigt.

Hast du einen Antrag auf Arbeitslosenhilfe gestellt, so musst du das Zusatzblatt **„Bedürftigkeitsprüfung“** mit ausfüllen.

Wenn du es vor dir hast, wirst du erst einmal überlegen, ob dir nicht etwas fehlt, denn es beginnt mit der Zeile 7. Nimmst du aber deinen Arbeitslosenhilfeantrag zur Hand, wirst du sehen, dass dieser mit Nummer 6 endet und dieses eigentlich die Fortsetzung ist, durch die wir dir jetzt helfen werden.

Um was es sich hierbei handelt, ergibt sich schon aus dem Namen des Blattes. Hier werden alle Daten über Vermögen, Einkommen und gesetzlichen Ausgaben abgeglichen, ob und in welcher Höhe du Arbeitslosenhilfe erhalten kannst. **Alles, was du hier angibst, muss durch Bescheide, Kontoauszüge oder Urteile belegt werden.**

Block 7: hier werden alle Vermögen- und Einkommenswerte von dir und deinem Partner erfragt.

Zeile 7.1: Bevor du diesen Punkt ausfüllst und du nicht verheiratet bist, ein Tipp von uns. Es wird auch nach Partnern aus *eheähnlichen Gemeinschaften* gefragt. Dazu schau dir unsere **Tipps** unter *Arbeitslosengeld II(Hartz IV)* an**.** Eine eheähnliche Gemeinschaft seid ihr erst dann, wenn dein Partner seine Einkünfte dir zum größten Teil zur Verfügung stellt oder stellen würde. Dazu kann ihn aber niemand zwingen. Also überlegt euch genau, ob ihr eine *eheähnliche Gemeinschaft* seid.
Hast du einen Partner, dann kreuze rechts „ ja“ an und trage hier den Namen, Vornamen und das Geburtsdatum deines Partners ein. Hat dein Partner Einkommen, dann musst du

dies belegen. Bei einer Haushaltsgemeinschaft musst du angeben seit wann diese besteht. Habt ihr gemeinsame Kinder, dann müsst ihr sie hier auch angeben. Ebenso andere Angehörige, wenn sie zu eurem Haushalt zählen (z.B. Kinder deines Partners). **Und nun aufgepasst!** Habt ihr ein gemeinsames Konto oder könnt ihr gegenseitig über das Konto des anderen verfügen, dann wird davon ausgegangen, dass ihr eine *eheähnliche Gemeinschaft* seid. Auch bei der Frage, ob ihr euch gegenseitig finanziell unterstützt.
Hast du keinen Partner, dann streiche „nein“ an und fahre mit der **Zeile 7.2.** fort.

Zeile 7.2: haben du und dein Partner Freistellungsaufträge für Kapital- und Zinserträge bei der Bank gestellt, dann musst du das hier eintragen.

Zeile 7.3: und nun musst du sämtliche Konten, Sparbücher und häusliche Sparschweine offen legen und belegen. Die meisten der beschriebenen Anlagen werden nicht auf dich zutreffen, dann kreuzt du einfach „nein“ an und fährst mit dem nächsten Punkt fort.

► Nimm deine aktuellen Kontoauszüge und schreibe den Gesamtbetrag (am besten einen im Minus) in den Antrag.
► Bargeld dürfte schwierig sein, nachzuweisen, solange es nicht tausende Euros sind, die dein Bett gut polstern.
► Das Sparbuch kopierst du einfach.
► Aktien, Wertpapiere, Sparbriefe und ähnliches, solltest du und dein Partner so etwas tatsächlich dein nennen, dann geh zu deinem Berater bei der Bank und der hilft dir gern beim Ausfüllen, so bekommst du vielleicht endlich mal einen realen Überblick über das, was abläuft und wie viel es noch wert ist.
► Ähnlich verhält es sich mit deinen Kapitallebensversicherungen und privaten Rentenversicherungen. Bist du dir unsicher beim Ausfüllen, hole dir deinen Versicherungsberater heran und gehe das mit ihm durch. Mitunter haben die Berater auch einen tollen Tipp für dich, wie du dein erspartes Geld

doch retten kannst. Doch merke dir, niemand kann dich zwingen, die Versicherungen
aufzulösen, wenn der Rückkaufswert unter 10% liegt.

▶ Haben du und dein Partner Bausparverträge, dann sind diese auch anzugeben. Bei einem Guthaben unter 10% habt ihr nichts zu befürchten, auch nicht, wenn die Bausparverträge vorzeitig ausgezahlt wurden und ihr jetzt dafür anspart und abzahlt.

Zeile 7.4: Ist einer von euch von der Rentenversicherungspflicht befreit, dann solltet ihr euch überlegen, welche unter Zeile 7.3 angegebenen Geldanlagen der Alterssicherung dienen soll und diese hier eintragen.

Zeile 7.5: habt ihr bei der Riesterrente beispielsweise schon ein kleines Vermögen angespart, dann ist das hier anzugeben und zu belegen.

Zeile 7.6: Hat einer von euch oder ihr gemeinsam bebaute Grundstücke oder Eigentumswohnungen, dann müssen diese hier eingetragen werden. Auch Eigenheime oder Eigentumswohnungen, die ihr selbst bewohnt. Handelt es sich bei euch um unbebaute Grundstücke, wie Wiesen, Felder etc. dann tragt eure eventuellen Einnahmen oder Belastungen ein, auch den Verkehrswert. Hat einer von euch Einnahmen aus Vermietung oder/und Verpachtung, so müsst ihr das Blatt **„Einnahmen aus Vermietung und Verpachtung“** ausfüllen.

Zeile 7.7: Habt ihr sonstiges Vermögen, wie Luxusautos, Edelmetalle (also Goldbarren) oder Antiquitäten, dann seht euch unsere Auflistungen zum berechenbaren Vermögen bei Arbeitslosengeld II an und wägt ab, was wirklich Vermögen ist und setzt es nicht zu hoch an.

Zeile 7.8: hier werden Schenkungen, Übertragungen und Spenden in Größenordnungen erfragt, die als Vermögen gelten. Auch dazu findet ihr Hinweise von uns unter den Tipps beim Arbeitslosengeld II.

Block 8: möchte weitere Angaben über Einnahmen von Dir wissen, die man Ansprüche gegenüber dritten nennt. Das bedeutet, bekommst du von jemand noch Geld, so musst du das hier angeben.

Zeile 8a: bekommst du aus einer Ehe oder Partnerschaft Trennungs-/Scheidungsunterhalt, dann trage ihn hier in der monatlichen Höhe ein und belege das durch aktuelle Kontoauszüge.

Zeile 8b: Hast du noch Ansprüche gegenüber einer Person oder ein Amt, dann lege dies hier dar, in dem du sie genau bezeichnest, ebenso die Höhe und ob du schon diese Ansprüche (durch Widerspruch oder Mahnverfahren) geltend gemacht hast.

Block 9: erfasst sämtliche Versicherungen, die du eventuell noch hast. Du kannst sie so eintragen, wie du sie bezahlst. Also entweder monatlich, vierteljährlich, halbjährlich oder jährlich.

Block 10: hier kannst du aufführen, ob du noch andere Aufwendungen hast, die bisher nicht erfasst wurden. Musst du zum Beispiel Therapiekosten für dein Kind aus eigner Tasche bezahlen, dann musst du diese hier eintragen.

Block 11: wenn du noch minderjährig und unverheiratet bist, dann musst diesen Abschnitt ausfüllen. Sollte ein Elternteil verstorben sein, so genügt ein Kreuz im Kästchen „verstorben“. Hier wird das Einkommen und Vermögen der Eltern erfasst. Sollte sich einer von ihnen weigern, die notwendigen Angaben dazu zu liefern, dann vermerke dies einfach auf dem Antrag. Die AfA kümmert sich dann schon darum.

Zeile 11a: Zuerst trägst du Namen, Vornamen, Anschrift, Beruf und das monatliche Nettoeinkommen deiner Eltern ein. Ist deren Gesamtnettoeinkommen höher als 730 €, dann müssen dieses genau aufgeschlüsselt werden.

Zeile 11b: lebst du im Haushalt deiner Eltern oder eines Elternteils, dann musst du angeben, ob du beispielsweise von ihnen unterstützt wirst durch freie Kost, Unterkunft oder sonstige Sachbezüge. Diese musst du dann wieder bürokratisch auflisten. Gibst du Kostgeld ab, also einen Eigenbetrag zu Miete und Unterhalt, dann ist dieser auch zu beziffern und aufzuführen, sowie die Angabe, wie viel Personen zu eurem Haushalt gehören.

Nun hast du es geschafft und du musst nur noch (auf der linken Seite unten) mit deiner Unterschrift bestätigen, dass dir die Broschüre Merkblatt 1b „Arbeitslosenhilfe" ausgehändigt wurde und du sie gelesen hast.
Rechts unten bestätigst du die Richtigkeit deiner Angaben sowie eventuell vorgenommene Änderungen/Ergänzungen (bei Ergänzungs- bzw. Fortzahlungsantrag) mit deiner Unterschrift. Solltest du Ergänzungen vorgenommen haben, dann liste diese Punkte in der oberen gestrichelten Linie auf.

Das waren die Anträge für das Arbeitslosengeld I. Im nächsten Abschnitt wenden wir uns dem Arbeitslosengeld II oder auch besser bekannt als Hartz IV.

Arbeitslosengeld II (Hartz IV)

ALG II ersetzt heute die Arbeitslosenhilfe und Sozialhilfe für **erwerbsfähige** (wenn du gesundheitlich in der Lage bist zu arbeiten) und **hilfebedürftige** (wenn dein Einkommen so gering ist, dass du ohne Sozialleistungen nicht existieren könntest) sowie
Personen vom vollendeten 15. Lebensjahr bis zum 65. Lebensjahr mit Wohnsitz in Deutschland und schließt sich an das ALG I an.
Träger sind hier die Kommunen und die Agenturen für Arbeit, die so genannten **Arbeitsgemeinschaften**.
Die **Höhe des ALG II** soll sich nach der Bedürftigkeit des Antragsstellers richten in Form von Regelleistungen, dabei werden die Kosten für Unterkunft und Heizung gesondert gezahlt. Ein eventuell notwendiger Mehraufwand z.B. für Schwangere, Behinderte und kostenaufwendige Ernährung wird durch einen anteiligen Zuschlag zum Regelsatz gewährt.
Eine Übersicht hierzu haben wir unter Verwendung von wikipedia für dich erstellt.

Ab dem 01.07. 2006 wird der Regelsatz Ost genauso wie der Regelsatz West berechnet.

Berechtigte Personen in einer Bedarfsgemeinschaft

allein stehende Person	100%	345 €
allein erziehende Person	100%	345 €
Person mit minderjährigem Partner	100%	345 €
Person mit volljährigem Partner	90%	311 €
Kind unter 7 Jahren Mehrbedarf bei Alleinerziehung	36%	124€
Kind unter 14 Jahren	60%	207 €
Kind im 15. Lebensjahr	80%	276 €
Kind zw. 16. und 18. Lebensjahr (erwerbsfähig)	80%	276 €
Kind volljährig, mit Eltern(teil)	90%	311 €
zwei oder drei Kinder unter 16 Jahren (Mehrbedarf bei Alleinerziehung)	36%	124 €
werdende Mütter ab der 13. Schwangerschaftswoche (Mehrbedarf)	17%	59 €
ab 4.Kind, minderjährig (Mehrbedarf je Kind)	12%	41 €
behinderte Person (Mehrbedarf)	35%	121 €

Danach ergeben sich für eine Bedarfsgemeinschaft bestehend aus

einer volljährigen Person	345 €
einer allein erziehenden Person u. 1 minderj. Kind unter 7 Jahren	676 €
einer allein erziehenden Person u. 1 minderj. Kind unter 14 Jahren	593 €
einer allein erziehenden Person u. 2 minderj. Kind unter 14 Jahren	883 €
Ehepaar, ohne Kind	621 €
Ehepaar, mit 1 Kind unter 14 Jahren	828 €
Ehepaar, mit 2 Kind unter 14 Jahren	1.159 €

Tipp: gern wird in den Berechnungen der Mehrbedarf für Alleinerziehende vergessen. **Der Höchstbetrag für den Mehrbedarf ist aber nie mehr als 60% des Regelsatzes für Erwachsene.**

- ► 1 Kind unter 7 Jahren 36%
- ► 1 Kind über 7 Jahren 12%
- ► 2 Kinder unter 16 Jahren 36%
- ► 2 Kinder über 16 Jahren 24%
- ► 4 Kinder 48%
- ► ab 5 Kinder 60%

Damit soll dem Umstand Rechnung getragen werden, dass keine weitere Person im Haushalt lebt, die sich an der Betreuung und Pflege der Kinder mitbeteiligen könnte.

Nachfolgend haben wir noch eine **Tabelle zur Berechnung des angemessenen Wohnraums eingefügt.**
Das Ministerium für Arbeit, Soziales, Familie und Soziales in Mainz hat diese Richtlinien herausgeben.
Dabei werden als angemessene Mietkosten (einschließlich Nebenkosten), die bei dir im Ort marktüblichen und im unteren Bereich befindlichen Mieten zu Grunde gelegt.

Die Heizkosten sind in tatsächlicher Höhe zu übernehmen, es sei denn, die AfA weist dir ein unwirtschaftliches Verhalten nach und das deshalb die Heizkosten unangemessen hoch sind (nicht zu den Heizkosten gehören die Kosten für die Warmwasserbereitung).

Beabsichtigst du einen **Umzug während deines ALG II Bezugs**, dann musst du diesen Umzug und die neue **Wohnung vor Vertragsabschluß** durch die AfA absegnen lassen. Was an sich paradox ist, denn wenn du schon eine geeignete Wohnung zu einer günstigen Miete findest, dann wird der Vermieter nicht 2 bis 4 Wochen warten, bis du den Bescheid von der AfA hast. Also kann es dir passieren, dass du nur deine bisherigen Wohnkosten erstattet bekommst.

Tipp: Pass auf, dass die Wohnung in dem Quadratmeterbereich der Mainzer Tabelle bleibt und die Bruttowarmmiete nur gering höher ist. Im Übrigen, reiche den Vertrag sofort mit der Umzugsmeldung bei deiner ArGe ein und gib einen **guten Grund** für deinen Umzug an. Noch besser, du reichst, bevor du nach einer neuen Wohnung suchst, einen formlosen Antrag bei deiner Arge mit einer stichhaltigen Begründung ein. Bei gesundheitlichen Gründen und am besten mit Attest deines Hausarztes.

Personen Gesamtwohnfläche

1	**bis 50 qm**
2	**bis 60 qm (oder 2 Wohnräume)**
3	**bis 75 qm (oder 3 Wohnräume)**
4	**bis 90 qm (oder 4 Wohnräume)**

jede weitere Person zusätzlich 10 qm (oder 1 Wohnraum mehr)

Ein Beispiel für die Richtwerte einer angemessenen Bruttowarmmiete in Berlin wollen wir dir hier vorstellen:

Personen-Haushalt Bruttowarmmiete

1	**360 Euro**
2	**444 Euro**
3	**542 Euro**
4	**619 Euro**
5	**705 Euro**

Bei jeder **weiteren Person** im Haushalt **erhöht** sich die Bruttowarmmiete um **50 Euro**.

Aber auch eigengenutzer Wohnraum (also dein Einfamiliehaus, für das du an die Bank deine monatlichen Abtrag zahlst) und die damit verbundenen Belastungen (in der Regel die Zinsen und die Neben- sowie die Heizkosen) werden von den Arbeitsgemeinschaften anerkannt. Die Wohnfläche hier ist mit 130 qm für bis zu 4 Personen in einem Einfamilienhaus und mit 120 qm als angemessen erachtet.

Nun werden wir dir erst einmal durch den Antragsdschungel helfen.

Antrag auf Leistungen zur Sicherung des Lebensunterhaltes nach dem zweite Buch Sozialgesetzbuch (SGB II)

Arbeitslosengeld II / Sozialgeld - Hauptantrag

Bevor es an das eigentliche Ausfüllen des Antrages geht, solltest du dir Zeit nehmen, um noch einmal Eckdaten und **wichtige Grundbegriffe** zu verinnerlichen. Diese tauchen immer wieder auf und sind von grundsätzlicher Bedeutung.
Das neue Arbeitslosengeld II greift **nach einem Jahr Arbeitslosigkeit und bei über 55-jährigen nach 18 Monaten.**

Es soll eine Grundsicherung für **alle hilfebedürftigen Erwerbsfähigen von 15 bis 64 Jahren** darstellen und soll durch pauschalierte Beträge zur Bestreitung des Lebensunterhaltes dienen.

Die Zahlung erfolgt **an den Vertreter einer Bedarfsgemeinschaft.**
Eine **Überprüfung** der Voraussetzungen **erfolgt alle 6 Monate**.

Damit du nicht von einem Schleudertrauma ins andere fällst, hier zum besseren Verständnis noch einmal die einzelnen Begriffe:

B e d a r f s g e m e i n s c h a f t

Zur Bedarfsgemeinschaft gehören:

► der erwerbsfähige Hilfebedürftige (in der Regel **DU)** **Du bist der Handelnde und Vertreter der Bedarfsgemeinschaft**

► **nicht dauernd getrennt lebende Ehepartner, Partner in einer eheähnlichen Gemeinschaft oder der nicht dauernd getrennt lebende Lebenspartner**

► die dem Haushalt angehörenden minderjährigen, unverheirateten **Kinder** des Erwerbsfähigen Hilfebedürftigen **(also deine)** oder seines Partners, soweit sie ihren Lebensunterhalt nicht aus eigenem Einkommen oder Vermögen sichern können

► die im Haushalt lebenden Eltern oder ein Elternteil eines minderjährigen, unverheirateten erwerbsfähigen Kindes **(also die Eltern oder ein Elternteil nur dann, wenn du minderjährig und unverheiratet bist).**

N i c h t zur Bedarfsgemeinschaft gehören:

► Personen, die mit dir (dem Antragsteller) in einem Haushalt (**Haushaltsgemeinschaft**) leben. Das könnten sein: Vater, Mutter, Enkel, Onkel, Tante, Schwager, Schwägerin, Freundin, volljährige Kinder.

Die r e i n e Wohngemeinschaft ist w e d e r eine Bedarfsgemeinschaft n o c h eine Haushaltsgemeinschaft z. B. bei Studenten.

Alles klar? Dann können wir ja zum nächsten Begriff übergehen:

Erwerbsfähig

Erwerbsfähig ist, wer:
► nicht durch Krankheit oder Behinderung auf absehbare Zeit außerstande ist, unter den üblichen Bedingungen des Arbeitsmarktes zu arbeiten
► mindestens 3 Stunden täglich erwerbsfähig ist, also arbeiten kann.
Nicht erwerbsfähige Hilfebedürftige, die zur Bedarfsgemeinschaft gehören, erhalten statt ALG II „Sozialhilfe“

Antragstellung

Für den Antrag auf Leistungen zur Sicherung des Lebensunterhaltes nach SGB II gibt es ein gesondertes **Formblatt BA Alg II A1.** Dieses erhältst du auf Nachfrage bei der Agentur für Arbeit oder direkt im Internet (**www.arbeitslosengeld2.arbeitsagentur.de/Antragsformular/index.php**)

Dann noch einmal tief Luft geholt und los geht es:

Zunächst geht es um:

I. Allgemeine Daten des Antragstellers (und Vertreters der Bedarfsgemeinschaft).
Also von dir, als Antragsteller und in der Regel Vertreter der Bedarfsgemeinschaft.
Soweit kein Problem bis:

Telefonnummer und / oder E-Mail-Adresse
Die **Angaben** zu Telefon und / oder E-Mail-Adresse **sind freiwillig,** sie sollen den Arbeitsagenturen in Zweifelsfällen eine schnellere Klärung ermöglichen.

Angabe der Bankverbindung:
Bitte gib neben der Kontonummer auch deine Bankleitzahl an, um eine zügige Überweisung zu gewährleisten. Du kannst die Leistungen auch an deinen Wohnsitz mit einer Post- Baranweisung gesandt bekommen. Eine Post- Baranweisung ist nur dann für dich k o s t e n f r e i, wenn du nachweislich kein Girokonto eröffnen kannst, weil eine Bank oder Sparkasse dies abgelehnt hat. Dem Nachweis dient eine entsprechende Bescheinigung. Wenn du eine solche nicht vorlegen willst, musst du die Kosten für den besonderen Zahlungsweg tragen.

II. Persönliche Verhältnisse

Hier geht es nicht darum zu erfahren wie viele heimliche Freundinnen oder Freunde du hast, sondern wie deine bzw. die persönlichen Daten deines Partners lauten. Eintragungen in der Spalte 1 sind für dich reserviert, in die Spalte 2 gehören die Daten deines Partners.

Um die Übersicht nicht total zu verlieren, füll erstmal Spalte 1 (also deine) als Lockerungsübung" aus:

K o p f s p a l t e

Kreuz bitte an, ob du allein stehend, oder allein erziehende/r Mutter/Vater bist. Wenn du die Spalte für die **Kinder** suchst, keine Panik, die **sind in Abschnitt III einzutragen**.

F a m i l i e n s t a n d

Hier aufgepasst!

Eine kleine Erklärung, damit dir kein Fehler unterläuft:

Partner in eheähnlicher Gemeinschaft

Eine eheähnliche Gemeinschaft („Ehe ohne Trauschein") setzt ein beständiges Zusammenleben nicht gleichgeschlechtlicher Partner auf unbestimmte Dauer voraus. Entscheidend sind über eine Wohn- und Wirtschaftsgemeinschaft hinaus, die gemeinsame Planung und Gestaltung der Lebensführung mit einer familienähnlichen inneren Bindung der Partner. Zwischen den Partnern muss eine so enge Bindung bestehen, dass von ihnen ein gegenseitiges Einstehen in den Not- und Wechselfällen des Lebens erwartet werden kann. **Was also heißt, wenn dein Partner nicht bereit ist, mit seinem Geld dir ab und zu auszuhelfen oder für dich Rechnungen zu bezahlen und sei es nur die Praxisgebühr, dann seid ihr keine Lebensgemeinschaft.**

Die Abfrage „ s e i t"
Die Abfrage „seit" ist nur von Bedeutung für dauernd getrennt Lebende, Geschiedene oder Verwitwete. Seit wann du verheiratet bist oder in einer eheähnlichen Gemeinschaft oder eingetragenen Lebenspartnerschaft lebst, ist indessen **n i c h t** anzugeben.

Staatsangehörigkeit
Wenn du nicht die deutsche Staatsangehörigkeit hast und über **eine Arbeitsgenehmigung** verfügst, musst du diese beifügen.

Kunden-Nr. der Agentur für Arbeit
Die kannst du einem Bewilligungsbescheid, oder einem amtlichen Schreiben der Agentur entnehmen. Hast du noch keine, dann lass das Feld frei.

Umfang der Erwerbsfähigkeit
Kreuz hier bitte an, ob du deiner Meinung nach 3 Stunden täglich einer Erwerbstätigkeit nachgehen kannst; wenn nicht, gib dafür eine verständliche Begründung an.

Berechtigter nach dem Asylbewerberleistungsgesetz
Hier gehört ein Kreuz ins betreffende Feld. Falls du Berechtigter bist, ist dem Antrag ein entsprechender **Nachweis** beizufügen.

Auszubildender – auch in Schulausbildung
Falls du dich in der Ausbildung befindest kreuz das entsprechende Feld an, ansonsten musst du natürlich nichts ankreuzen.

Name und Anschrift des derzeitigen Arbeitgebers, bzw. Angabe der Schule
Hier ist der Platz für die geforderten Angaben. Einzutragen ist auch ein Arbeitgeber, bei dem du lediglich eine sozialversicherungsfreie Nebenbeschäftigung ausübst.

Unterbringung in einer stationären Einrichtung
Damit sind Unterbringungen in einer Anstalt oder einem Pflegeheim, **nicht** aber Aufenthalte im **Krankenhaus** gemeint. Die Angaben solltest du machen, wenn der Aufenthalt in einer Anstalt, einem Pflegeheim gegenwärtig ist **und länger als 6 Monate dauert**.

K r a n k e n v e r s i c h e r u n g
Hier solltest du auch Angaben machen, wenn du **freiwillig** in einer gesetzlichen Krankenversicherung **versichert bist**. Bitte gib auch die **Krankenversicherungsnummer** an. Wenn du nicht in einer gesetzlichen Krankenversicherung (z. B. AOK, BEK, DAK, TKK, KKH) versichert warst, musst du entweder die letzte Krankenversicherung angeben oder im Falle einer Befreiung von der Versicherungspflicht das **Zusatzblatt „Sozialversicherung**“ ausfüllen. Diese Angaben werden erhoben, um eine Krankenversicherung der Antragsteller und seiner Bedarfsgemeinschaftsmitglieder sicherzustellen. **Die Agenturen sind verpflichtet, Antragsteller kranken zu versichern.**

Getrennt lebend?
Sofern du getrennt lebst, ist auch das Geburtsdatum deines getrennt lebenden Ehepartners anzugeben, damit eine schnellere Zuordnung sichergestellt werden kann. Auch hier empfiehlt sich die Angabe der Krankenversicherungsnummer.

23. Lebensjahr bereits vollendet
Wenn du oder dein Partner/deine Partnerin das 23. Lebensjahr noch nicht vollendet haben, kannst du oder dein Partner/deine Partnerin bei einem **Elternteil familienversichert werden.** Kreuz also an, was zutrifft. Wenn du „nein" ankreuzt besorg dir, die Angaben bei deinen Eltern um die offenen Punkte auszufüllen.

Rentenversicherung
Hier ist die **gesetzliche Rentenversicherung mit der Rentenversicherungsnummer anzugeben.**
Bei einer Befreiung von der Versicherungspflicht musst du das **Zusatzblatt „Sozialversicherung**" ausfüllen, damit ein Zuschuss in Höhe der Beiträge zur gesetzlichen Rentenversicherung gezahlt werden kann.

III. Persönliche Verhältnisse der mit dem Antragsteller/ der Antragstellerin in einem Haushalt lebenden weiteren Personen

Zunächst muss das Feld angekreuzt werden ob weitere Angehörige im gemeinsamen Haushalt leben; wenn ja, gilt das folgende:
Diese Angehörigen **sind in erster Linie Kinder** (trage sie in der Reihenfolge des Geburtsdatums ein).
Aufgepasst: Seit dem 17. Februar 2006 werden Personen unter 25 Jahren in die Bedarfsgemeinschaft mit ihren Eltern eingerechnet.
(Solltest du also unter 25 Jahre alt sein, hast du seit

diesem Zeitpunkt keinen e i g e n s t ä n d i g e n Anspruch auf Arbeitslosengeld II.)
Als Angehöriger eines Mehrpersonenhaushaltes steht dir dann nur noch ein um rund 20 % gekürzter Regelsatz von 276 EURO zu.

Die Fragen auf dieser Seite sind im Wesentlichen die gleichen wie im Abschnitt II. Wenn Zweifel bestehen, lies sie dort bitte noch einmal nach.

Besonderheit: Krankenversicherung. Hier sind auch die gesetzlichen Krankenversicherungen für familienversicherte Mitglieder der **Bedarfsgemeinschaft** einschließlich der Krankenversicherungsnummer anzugeben.

IV. Leistungen für besondere Mehrbedarfe

In diesem Abschnitt sind nur Angaben/ Eintragungen für die Personen erforderlich, die zur **Bedarfsgemeinschaft** gehören.

Mehrbedarf für Schwangere
Vorlage des Mutterpasses

Solltest du Antragstellerin und schwanger (nach der 12. Schwangerschaftswoche) sein, bist du nicht verpflichtet einen Mutterpass zum Nachweis deiner Schwangerschaft vorzulegen; ausreichend insoweit ist auch eine ärztliche Bescheinigung. Für eine solche ärztliche Bescheinigung können Kosten anfallen, die vom Träger nicht übernommen werden können. Bei Vorlage des Mutterpasses wird **keine Kopie** zur Akte genommen.

Schwer behinderte Menschen
Gehört zum Personenkreis der Bedarfsgemeinschaft eine behinderte Person
und erhält Leistungen zur Teilhabe am Arbeitsleben, so ist hier der Name anzugeben und der **Bewilligungsbescheid** vorzulegen.

Bedarf aus medizinischen Gründen einer kostenaufwändigen Ernährung
Sofern du aus gesundheitlichen Gründen eine kostenaufwändige Ernährung benötigst, ist eine Bescheinigung deines Hausarztes notwendig. Der Vordruck hierzu ist bei der Agentur zu erhalten und wird von uns noch separat erläutert.
Wenn du noch aufnahmefähig bist, kann es ja jetzt mit Abschnitt V. weitergehen.

V. Wohnverhältnisse des Antragstellers / der Antragstellerin und der im Haushalt lebenden weiteren Personen

Hier sind **keine reinen Wohngemeinschaften, sondern nur Haushaltsgemeinschaften gemeint.**
Die Kosten für Unterkunft und Heizung musst du im „Zusatzblatt 1 zur Feststellung der angemessenen Kosten für Unterkunft und Heizung" eintragen. Der Vordruck hierzu ist bei der Agentur zu erhalten und wird von uns noch später erläutert.

VI Einkommensverhältnisse des Antragstellers / der Antragstellerin und der im Haushalt lebenden weiteren Personen

Angaben brauchst du **nur zu Mitgliedern der Bedarfsgemeinschaft**, nicht zu Mitgliedern der Haushaltsgemeinschaft zu machen. (Lies dir deshalb noch einmal gewissenhaft unsere Begriffsbeschreibung am Anfang durch, wenn dir das noch unklar ist!)
Für eine Bedarfsgemeinschaft musst du das **Einkommen eines jeden einzelnen Mitgliedes** angeben. Anzugeben sind auch Einkünfte aus sozialversicherungsfreien Nebenbeschäftigungen. Unter sonstigen Laufenden oder einmaligen Einnahmen, gleich welcher Art, zählen u. a. die Leibrente für eine verkaufte Immobilie und die Steuerrückerstattung. Auch Schadensersatzleistungen sind angabepflichtig.

Nicht anzugeben ist jedoch:

► Schmerzensgeld, das du z.B. aufgrund eines Unfalles erhältst.
► Erziehungsgeld
► Arbeitsförderungsgeld in Werkstätten für behinderte Menschen
► Leistungen der Pflegeversicherung
► Blindengeld

Aufgepasst: Nach § 9 Abs. 5 SGB II wird bei entsprechenden Einkommen oder Vermögensverhältnissen, vermutet, dass auch im Haushalt lebende Verwandte oder verschwägerte Personen Unterhalt leisten. Die Art und der Umfang der Unterstützungsleistungen sind in diesem Abschnitt (bzw. Anlageblatt) einzutragen. Diese Unterhaltsvermutung kann durch eine entsprechende

Erklärung des mit im Haushalt lebenden Verwandten oder Verschwägerten
w i d e r l e g t werden.

Als Einkommen sind alle Einnahmen in Geld oder Geldeswert zu berücksichtigen.
Haben **die Mitglieder der Bedarfsgemeinschaft** Einnahmen aus:

- ► nichtselbständiger oder selbständiger Arbeit
- ► Vermietung oder Verpachtung
- ► Land- u. Forstwirtschaft
- ► Kindergeld
- ► Entgeltersatzleistungen wie Arbeitslosengeld, Übergangsgeld, Krankengeld
- ► Renten aus der Sozialversicherung
- ► Betriebsrenten oder Pensionen
- ► Unterhaltszahlungen
- ► Leistungen nach dem Unterhaltsvorschussgesetz
- ► Zinsen, Kapitalerträge
- ► Wohngeld, Sozialhilfe nach dem SGB XII
- ► Sonstige laufende oder einmalige Einnahmen gleich welcher Art

Wenn keine der in den Abschnitten II und III aufgeführten Personen Einkommen haben, dann kreuze das Kästchen in diesem Feld an.
Falls Personen, die in den Abschnitten II und III aufgeführt sind, Einkommen haben, so sind im nächsten Feld die Namen, Vornamen und die Art des Einkommens anzugeben.

Als **Nachweis der Einkommensverhältnisse muss das Zusatzblatt 2** – eins für jeden der ein Einkommen erzielt –eingereicht werden.

Bei Bezug von Sozialleistungen musst du zusätzlich **den aktuellen Bewilligungsbescheid vorlegen.**
Falls du **Anspruch auf Kindergeld** hast, sind die nächsten Felder zu beantworten, bzw. an zu kreuzen.
Zusätzlich musst du den **aktuellen Nachweis für jedes entsprechende Kind vorlegen.** Du kannst den Bezug von Kindergeld durch Vorlage eines Kontoauszuges nachweisen, in dem du auch nicht erforderliche Angaben schwärzen oder unkenntlich machen darfst.

VII. Vermögensverhältnisse des Antragstellers / der Antragstellerin und der im Haushalt lebenden weiteren Personen

In diesem Abschnitt sind ebenfalls nur Angaben / Eintragungen zu der **in der Bedarfsgemeinschaft lebenden Person** erforderlich.
Bei diesen Personen musst du das Vermögen jedes Einzelnen angeben.
Nachdem du dich darüber informiert hast, was als Vermögen zählt, kannst du ja im vollen Bewusstsein dieser Werte, ein Kreuz an der Stelle machen, die zutrifft.

Jetzt gilt noch festzustellen, ob die weiteren Mitglieder der Bedarfsgemeinschaft Vermögen haben, das den Wert von je 750,00 € übersteigt. Danach kreuze das entsprechende Kästchen an.

Wenn du eine der beiden Fragen mit „ja“ beantwortet hast, musst du das Zusatzblatt 3 ausfüllen. Der Vordruck hierzu ist bei der Agentur zu erhalten und wird von uns noch erläutert werden.

VIII. Unterhaltspflichtige Angehörige außerhalb der Haushaltsgemeinschaft

Dies können z. B. **der geschieden oder getrennt lebende Ehegatte, der Vater eines nicht ehelichen Kindes, die Eltern sowie erwachsene Kinder bzw. Kinder mit eigenem Vermögen oder Einkommen sein. Bei diesen Unterhaltspflichten musst du einen vorhanden Unterhaltstitel (Ehescheidungsurteil, Vaterschaftsurteil, etc.) Vergleich oder schriftliche Vereinbarungen, aus denen der Unterhaltsanspruch hervorgeht, vorlegen.** Solche Unterlagen werden nicht zur Akte genommen. Die Arbeitsagenturen vermerken lediglich, dass die Nachweise vorgelegen haben.
Falls es also bei dir solche unterhaltspflichtigen Angehörigen gibt, dann hast du in drei Feldern Platz die Daten einzutragen. Die entsprechenden Nachweise sind, wie oben erklärt, vorzulegen. Wenn die Unterhaltsleistungen erbracht werden, dann ist das Zusatzblatt 2 ebenfalls noch auszufüllen. Der Vordruck hierzu ist bei der Agentur zu erhalten. Falls dies nicht der Fall sein sollte, und keine Unterhaltsleistungen erbracht werden, so ist anzukreuzen, ob Unterhaltsleistungen geltend gemacht werden.

IX. Sonstige Ansprüche gegenüber Arbeitgebern, Sozialleistungsträgern und Schadenersatzansprüche

Auch hier sind nur Angaben zu **Mitgliedern der Bedarfsgemeinschaft** zu machen, nicht zu den im Haushalt lebenden Personen. Anzugeben sind neben **allen Rentenarten und Ausgleichszahlungen etc. auch Leistungen nach dem Unterhaltsvorschussgesetz.**

Zeile 1 des Abschnittes Wenn du oder ein Mitglied der Bedarfsgemeinschaft Ansprüche gegen einen ehemaligen Arbeitgeber für Zeiten nach dem Ausscheiden erhebst, so ist ja anzukreuzen und die weiteren Felder sind auszufüllen; wenn du nein ankreuzt, kannst du gleich zu Zeile 2 weiter gehen.

Zeile 2 des Abschnittes
Wenn du oder ein Mitglied der Bedarfsgemeinschaft andere Leistungen beantragt habt oder beabsichtigt einen solchen Antrag zu stellen, so ist „ja“ anzukreuzen und die weiteren Felder sind auszufüllen, wenn du „nein“
ankreuzt, kannst du gleich zu **Zeile 3** weiter gehen.
Anzugeben sind insbesondere alle Rentenarten, Ausgleichszahlungen des ehemaligen Arbeitgebers, Kindergeld, Kinderzuschlag nach § 6a Bundeskindergeldgesetz, Wohngeld, Sozialhilfeleistungen nach dem SGB XII.

Zeile 3 des Abschnittes
Hilfebedürftig durch Unfall
Soweit deine Hilfebedürftigkeit oder eines Mitgliedes der Bedarfsgemeinschaft durch einen Unfall verursacht worden ist, so solltest du bei der Agentur vorsprechen. Diese hilft dir bei der Ausfüllung des Unfallfragebogens und der Durchsetzung eines möglichen Schadenersatzanspruches gegen den Unfallverursacher.

X. Weitere Angaben, die für die Leistungsgewährung von Bedeutung sein können

Auch hier sind **nur Angaben zur Bedarfsgemeinschaft** und nicht zu den Mitgliedern der Haushaltsgemeinschaft zu machen. Diese Angaben sind beim Erstantrag häufig nicht erforderlich. Anders ist es, wenn du in der Vergangenheit bereits Arbeitslosengeld oder Arbeitslosenhilfe bezogen hast, dann sind weitere Angaben notwendig.

Im oberen Feld des Abschnittes wirst du gefragt, ob du oder ein anderes Mitglied der Bedarfsgemeinschaft schon früher Leistungen bei der Agentur für Arbeit oder beim Sozialhilfeträger beantragt oder bezogen hast. Falls ja, sind die entsprechenden Zeilen zu beantworten, falls nein, kannst du gleich zu der nächsten Zeile des Abschnittes weiter gehen.

Die nächsten Angaben sind notwendig, um zu bestimmen, ob Anspruch auf einen befristeten Zuschlag **zum Arbeitslosengeld II** nach dem Bezug von Arbeitslosengeld **besteht.**

Befristete Zuschläge:
Um soziale Härten beim Übergang von Arbeitslosengeld I zum **Zuschläge** Arbeitslosengeld II zu vermeiden, können Arbeitssuchende zwei Jahre lang einen befristeten Zuschlag bekommen. Die individuelle Höhe ergibt sich aus der Differenz aus Arbeitslosengeld I und Arbeitslosengeld II. Im ersten Jahr werden zwei Drittel dieser Differenz gezahlt, im zweiten Jahr die Hälfte. Es gibt allerdings Höchstbeträge:
Alleinstehende erhalten max. 160,00 €, Partner zusammen max. 320,00 €. Leben im Haushalt Kinder, erhöht sich der Zuschlag um max. 60,00 € je Kind.

Du hast in Zeile 1 und Zeile 2 Platz die entsprechenden Angaben zu machen. Wurde der Eintritt einer Sperrzeit festgestellt, mach ein Kreuz und setz den Zeitraum bitte ein. Wenn der Anspruch wegen Eintritts einer Sperrzeit erloschen ist, so ist auch dieses anzukreuzen und das Datum einzusetzen. Nicht vergessen den Sperrzeitbescheid oder Erlöschensbescheid beizufügen.

XI. Bitte überprüfe deine Angaben nochmals genau. Vermeide in jedem Fall unrichtige oder unvollständige Angaben.

Fehler beim Ausfüllen von Anträgen passieren. Ein versehentlich falsches Ausfüllen einer Zeile kann jederzeit korrigiert werden. Eine manuelle Kontrolle der Anträge erfolgt wahrscheinlich nur in Ausnahmefällen. Die Behörden gehen davon aus, dass alles nach bestem Wissen und Gewissen ausgefüllt wurde.

Ein Datenabgleich zwischen verschiedenen Behörden ist jedoch vorgesehen.

Beispiel: Zinseinkünfte beim Bundesamt für Finanzen (z. B. bei vorliegendem Freistellungsauftrag)
Ferner versicherst du als Antragsteller, dass die von dir gemachten Angaben zutreffen.

Änderungen, insbesondere der Familien-, Einkommens- und Vermögensverhältnisse werden von dir unaufgefordert und unverzüglich mitgeteilt. Dass du mit der Erhebung, Speicherung und Verarbeitung der für die Leistungsgewährung erforderlichen Daten einverstanden bist, hast du ebenfalls mit deiner Unterschrift zu bestätigen.

Die erste Zeile ist mit Ort und Datum zu versehen und von dir zu unterschreiben. Die Zeile darunter ist nur von deinem gesetzlichen Vertreter auszufüllen, falls du minderjährig bist.

Das rechte Kästchen ist dafür vorgesehen, und von denselben Personen wie oben zu unterzeichnen, falls Änderungen in den Abschnitten vorgenommen wurden.

Zu guter letzt ist die Frage zu beantworten, ob ein Betreuer/Vormund/Beistand bestellt ist. Falls ja, ist das entsprechende Kästchen anzukreuzen und die Zeilen sind auszufüllen.

Es versteht sich von selbst, dass die entsprechenden Nachweise beigefügt werden müssen. Falls das alles für dich nicht zutrifft, kreuzt du das Kästchen „nein“ an.

Jetzt kannst du dich erst mal in Ruhe zurück lehnen und tief durchatmen, denn du hast den Hauptvordruck schon mal geschafft!

Nun musst du noch die Anlagen zusammenstellen, die dem Antrag beigefügt werden müssen. Nichts geht über deutsche Gründlichkeit; ohne Nachweis mit Stempel und Unterschrift läuft da nichts.

Hier haben wir für dich eine Checkliste erstellt:

Bescheinigung einer Bank oder Sparkasse, falls du kein Konto eröffnen kannst

► Arbeitsgenehmigung, falls andere Staatsangehörigkeit als deutsch, für dich
und deine Kinder

► Nachweis als Berechtigter nach dem Asylbewerberleistungsgesetz, für dich
und deine Kinder

► Nachweis bei Unterbringung in einer stationären Einrichtung, für dich und
deine Kinder

► Mitgliedsbescheinigung Krankenkasse, für dich und deine Kinder

► Zusatzblatt Sozialversicherung, für dich und deine Kinder

► Zusatzblatt zur Feststellung angemessener Kosten für Unterkunft und Heizkosten

► Zusatzblatt Einkommens-/Verdienstbescheinigung

► Zusatzblatt Eintragung weiterer Familienangehöriger

► Zusatzblatt zur Feststellung des zu berücksichtigenden Vermögens

► Zusatzblatt zur Feststellung des Umfangs der Hilfebedürftigkeit

► Zusatzblatt zur Feststellung kostenaufwendiger Ernährung

► Zusatzblatt Veränderungsmitteilung

► Mutterpass vorlegen, wenn bei dir eine Schwangerschaft besteht

► Wenn du zum Personenkreis der schwer behinderten Menschen gehörst und Leistungen zur Teilhabe am Arbeitsleben erhältst Bewilligungsbescheid

► Mietvertrag inklusive Nebenkostenaufstellung

► Oder für ein Eigenheim, die Kreditvereinbarung mit Aufschlüsslung von Zinsen und Tilgung plus Nebenkosten

► Aktueller Bewilligungsbescheid, bei Bezug von Sozialhilfeleistungen

► Kontoauszug über Höhe des Kindergeldes vorlegen, falls Anspruch auf Kindergeld besteht

► **Eidesstattliche Erklärung,** falls Unterhaltsvermutung nach § 9 Abs. 5 widerlegt werden soll (Muster s. Anlage)

► Unterhaltstitel, Vergleich, schriftliche Vereinbarung, Urkunde über die Höhe des Unterhalts

► Unfallbogen, wenn die Hilfebedürftigkeit durch einen Unfall verursacht wurde

► Beendigungsschreiben und Bewilligungsbescheid, um zu bestimmen, ob Anspruch auf einen befristeten Zuschlag zum ALG II nach dem Bezug von Arbeitslosengeld besteht.

► Bescheid über Höhe des Wohngeldes, falls zuletzt Wohngeld gezahlt wurde

► Sperrzeitbescheid, falls der Eintritt einer Sperrzeit festgestellt wurde

► Erlöschensbescheid, falls der Anspruch wegen Eintritts einer Sperrzeit erloschen ist

► Nachweis über die Wirkung der Betreuung, falls ein Betreuer , Vormund oder Beistand bestellt wurde.

Zusatzblatt 1

Zur Feststellung der angemessenen Kosten für Unterkunft und Heizung

Für die Feststellung der angemessenen Kosten für Unterkunft und Heizung gibt es ein gesondertes **Formblatt BA ALG II Z1.** Dieses erhältst du auf Nachfrage bei der Agentur für Arbeit oder direkt im Internet (**www.arbeitslosengeld2.arbeitsagentur.de/Antragsformular/index.php**)
Dann noch einmal tief Luft geholt und los geht es:

Antragsteller

Mit Antragsteller bis selbstverständlich du oder in der Regel der Vertreter der Bedarfsgemeinschaft gemeint.

Name, Vorname, Straße, Haus-Nr., PLZ, Wohnort

Füll bitte die entsprechenden Zeilen mit deinen Daten aus

Nr. der Bedarfsgemeinschaft

Hier gibst du die Nr. der Bedarfsgemeinschaft an, wenn sie dir von der Agentur bereits mitgeteilt wurde

Kunden-Nr.

Entnimm diese Nr. den bisherigen Unterlagen der Agentur (z. B. Bewilligungsbescheid)

Telefonnummer oder E-Mail-Adresse

Die Angaben zu Telefon und / oder E-Mail-Adresse sind freiwillig. Sie sollen den Arbeitsagenturen in Zweifelsfällen eine schnellere Klärung ermöglichen.

Bankverbindung

Bitte gebe neben der Kontonummer auch deine Bankleitzahl an, um eine zügige Überweisung zu gewährleisten.
Du kannst die Leistungen auch an deinen Wohnsitz gesandt bekommen. Eine solche Post-Bar-Anweisung ist nur dann für dich kostenfrei, wenn du nachweislich kein Girokonto eröffnen kannst, weil eine Bank oder Sparkasse dies abgelehnt hat. Dem Nachweis dient eine entsprechende Bescheinigung. Wenn du eine solche nicht vorlegen willst, musst du die Kosten für den besonderen Zahlungsweg tragen.

Wohnverhältnisse des erwerbsfähigen Hilfebedürftigen und der im Haushalt lebenden Personen

Abschnitt 1

Kreuz bitte hier an, wenn du eine Mietwohnung bewohnst. Name und Anschrift sowie die Bankverbindung des Vermieters wird im Normalfall nicht benötigt. **Sie wird nur erforderlich, um im Bedarfsfall Unterkunftskosten direkt an den Vermieter zu überweisen.** Bei Bedarf werden die erforderlichen Daten später erhoben.
Gib die anfallende **Nettomiete** (ohne Garage, Stellplatz und Nebenkosten) in Euro an und füg bitte **den Mietvertrag in Kopie** oder entsprechende Unterlagen bei)

Abschnitt 2

Falls du schon dein Kreuz im Abschnitt 1 gemacht hast, kannst du diesen Abschnitt übergehen.
Ansonsten kreuz bitte das entsprechende Kästchen an, wenn du **Eigentümer eines eigenen Hauses oder einer Eigentumswohnung bist.**
Gib bitte noch die **monatlich anfallenden Schuldzinsen** in Euro an und füge die Belege bei.

Abschnitt 3
Wenn Abschnitt 1 und 2 bisher nicht zutrafen, weil du **ein freies Wohnrecht hast**, kreuz bitte dieses Kästchen an. **Eine Angabe**, bei wem du ein freies Wohnrecht genießt, **ist freiwillig**.

Abschnitt 4
Hier gehören die **Angaben zur Wohnung / zum Haus** hinein. Nimm dir den Mietvertrag oder deinen Hausordner zur Hand, aus dem du die entsprechenden Angaben ablesen kannst.

Abschnitt 5 Heizkosten:
Diese ersiehst du aufgrund der Nebenkostenabrechnung deines Vermieters oder deiner abgehefteten Heizkostenrechnungen.
Entsprechende Nachweise musst du beifügen.

Heizkosten-Pauschale: Diese ersiehst du aufgrund der Nebenkostenabrechnung deines Vermieters

Baujahr Zentralheizung: Hier reicht es aus, wenn du ein ungefähres Alter angibst. Damit sollen Heizkosten auf Schlüssigkeit geprüft werden.

Zentral mit Warmwasser versorgt: Frage entsprechend beantworten, notfalls Mietvertrag zur Hand nehmen, dort findest du die Anwort.

Brennstoffe selbst beschafft: Entsprechendes Feld ist von dir anzukreuzen

Nebenkosten: Diese ersiehst du aufgrund der Nebenkostenabrechnung deines Vermieters oder deiner archivierten Nebenkostenbelege, entsprechende Nachweise musst du beifügen

Sonstige Wohnkosten: Unter sonstigen Wohnkosten sind beispielsweise Stellplatzkosten, Kosten für den Schornsteinfeger- im Falle des selbst genutzten Eigentums - oder ähnliche Kosten zu verstehen

Abschnitt 6 Wohngeld

beantragt bitte entsprechende Zeile ausfüllen
Wohngeld
bewilligt bitte die entsprechenden Daten eintragen
Wohngeld
abgelehnt Datum des Bescheids bitte eintragen und
Nachweis mit vorlegen

Abschnitt 7 In der Wohnung / in dem Haus leben folgende Personen:

Hier sollst du nicht nur die Mitglieder der Bedarfsgemeinschaft anführen, sondern **alle in e i n e m H a u s h a l t lebenden Personen, weil diesen ein entsprechender Mietanteil zugerechnet wird. N i c h t angeben musst du hingegen Mitglieder deiner Wohngemeinschaft falls du in einer Wohngemeinschaft lebst.**
Im unteren Teil des Zusatzblattes musst du mit deiner Unterschrift versichern, das die oben gemachten Angaben zutreffen.
Der rechte Teil mit Ort, Datum und Unterschrift ist nur auszufüllen, falls du minderjährig sein solltest. Dann muss hier dein gesetzlicher Vertreter unterschreiben.

Damit hast du auch diese Nuss geknackt und kannst dich dem nächsten Blatt zuwenden.

Zusatzblatt 2.1

Einkommenserklärung / Selbsteinschätzung

- Für den Antragsteller sowie für Angehörige zu verwenden-

Für die Einkommenserklärung gibt es dieses gesonderte Formblatt. Dieses erhältst du auf Nachfrage bei der Agentur für Arbeit oder direkt im Internet (**www.arbeitslosengeld2.arbeitsagentur.de/Antragsformular/index.php**)

Angaben zum Antragsteller / zur Antragstellerin
Die oberen zwei Zeilen des Antrages sind dazu bestimmt, deinen Namen, Vornamen und deine Kunden-Nr. bzw. Nummer der Bedarfsgemeinschaft aufzunehmen, die du einem Bescheid (z. B. Bewilligungsbescheid) entnehmen kannst.

In den nächsten Zeilen wirst du mit den entsprechenden §§ darauf aufmerksam gemacht, dass du dazu verpflichtet bist, die nachfolgenden Angaben zu machen.

Name, Vorname, Geburtsdatum
Bitte füll die entsprechende Zeile vollständig aus

Im nächsten Abschnitt wirst du gebeten, anzukreuzen, welches Einkommen du hast:

Arbeitsentgelt aus einer Beschäftigung
Bitte lass die Einkommensbescheinigung Zusatzblatt 2.2 vom Arbeitgeber ausfüllen

Einkommen aus einer selbständigen Tätigkeit
Auf der nächsten Seite ist ein Abschnitt vorgesehen, in welchem du ermitteln sollst, welches voraussichtliche Einkommen du haben wirst.

Rente, Pension
Gib hier die Rentenart an, setze die monatliche Rentenhöhe ein und vergiss nicht den letzten Rentenbescheid als Nachweis beizufügen

Altersrente oder Rente wegen voller Erwerbsminderung
Bist du im Besitz eines Ausweises über die Eigenschaft als Schwerbehinderter mit dem **Merkzeichen G**? Diese Frage wird deshalb gestellt, weil **Mehrbedarfe** bei einer Einkommensanrechnung vollständig geschützt werden sollen.

Arbeitslosengeld In den nachfolgenden Zeilen erbittet man Auskunft zum tgl. und wöchentlichen Bemessungsentgelt, sowie der tgl. und wöchentlichen Höhe des Arbeitslosengeldes. Diese Angaben kannst du dem letzten Bewilligungsbescheid entnehmen.

Sonstiges Einkommen
Darunter sind insbesondere der **Bezug von Unterhalt und Einkünfte aus Vermietung und Verpachtung zu verstehen.** Solltest du Einkünfte dieser Art haben, so sind die nächsten drei Zeilen für die Art und Höhe reserviert. Entsprechende Nachweise musst du beifügen

Folgende Einkünfte werden nicht regelmäßig monatlich erzielt. Hier musst du auch eine Steuererstattung - beispielsweise durch den Lohnsteuerjahresausgleich - angegeben, soweit sie dir zufließt. Für welchen Zeitraum du die Erstattung erhältst ist unwichtig

Im nächsten Abschnitt werden Angaben von dir erwartet, für Aufwendungen durch dein Arbeitsverhältnis, die dir nicht vom Arbeitgeber oder Dritten erstattet werden.
Die mit deinem Arbeitsentgelt verbunden notwendigen Ausgaben (Werbungskosten) werden pauschal berücksichtigt. Für die Fahrt zur Arbeitsstätte werden zusätzlich 0,06 Euro je km abgezogen.

Kürzeste Straßenverbindung Hier kreuzt du kürzeste Straßenverbindung zwischen Wohnung und Arbeitsstätte an und gibst sowohl die Adresse als auch die einfache Strecke in km an und trägst ein an wie vielen Arbeitstagen je Woche du diese zurücklegst.
Das ergibt also laut unserem Beispiel(z.B. 6 km x 5 AT x 0,06 = € 1,80)

Höhere Aufwendungen Wenn du wöchentlich höhere Aufwendungen hast, (z. B. für eine Monatskarte bei Benutzung öffentlicher Verkehrsmittel) kreuzt du das nächste Kästchen an und fügst die Nachweise bei.

Der nächste Abschnitt ist dafür vorgesehen, Angaben zu Aufwendungen für gesetzlich vorgeschriebene Versicherungen (auch bei sonstigem Einkommen) zu machen.

Kfz-Haftpflichtversicherung
Für den Fall das du ein Auto hast, gib hier die anfallenden Kosten der Haftpflichtversicherung ohne Teil-/Vollkasko für den entsprechenden Zeitraum an. Nachweise bitte beifügen

Sonstige gesetzlich vorgeschriebene Versicherungen
Hier gibst du die anfallenden Kosten anderer gesetzlich vorgeschriebener Versicherung für den entsprechenden Zeitraum an, wie Hausversicherungen. Auch hier sind die entsprechenden Nachweise beizufügen.

Geförderte Altersvorsorgebeiträge
In diese Zeile gehören die anfallenden Beiträge für eine mögliche „Riester-Rente“ für den entsprechenden Zeitraum. Auch hier sind die entsprechenden Nachweise beizufügen

Für **private Versicherungen** werden vom Einkommen monatlich **pauschal 30 Euro** abgezogen. Dafür brauchst du keine Nachweise vorzulegen.

Nur wenn du **n i c h t** in der gesetzlichen Kranken- bzw. Rentenversicherung versichert bist, können Beiträge abgezogen werden. Dafür sind wiederum Nachweise beizufügen.

Der nächste Abschnitt beschäftigt sich mit weiteren Absetzungsmöglichkeiten. Hier können insbesondere **Un-**

terhaltsleistungen eingetragen werden, die ein Bezieher von Einkommen an unterhaltsberechtigte Personen außerhalb der Bedarfsgemeinschaft aufgrund eines Unterhaltstitels tatsächlich erbringt. **Dazu sind der Name, der Vorname, das Verwandschaftsverhältnis, sowie die Höhe der monatlichen Unterhaltsleistungen einzutragen.** Als Nachweis ist der Unterhaltstitel (z.B. Urteil, gerichtliche Einigung, Unterhaltsurkunde) und Nachweis über tatsächlich erbrachte Unterhaltsleistungen (z. B. Kontoauszüge) vorzulegen.

Die Richtigkeit der Angaben musst du mit Datum und deiner Unterschrift bestätigen.

Hast du oder einer deiner Angehörigen Einkommen aus selbständiger Tätigkeit, so ist im unteren Abschnitt auf dieser Seite eine Selbsteinschätzung deines voraussichtlichen Betriebsergebnisses vorzunehmen.

Die Schätzung
soll auf früheren Betriebsergebnissen basieren und kann anhand einer **Steuerentscheidung** über das Vorjahresergebnis oder falls ein solches wegen z. B. einer Neugründung nicht vorliegt, durch andere Unterlagen (z. B. Prognose des Steuerberaters) belegt werden.

Art der selbständigen Tätigkeit
Hier trägst du die Art der selbständigen Tätigkeit ein

Voraussichtliche Betriebseinnahmen
Hier trägst du den Zeitraum und die geschätzten **Betriebseinnahmen** Einnahmen ein.
vom.......bis..........€

Betriebsausgaben
Da setzt du die entsprechenden Ausgaben ein

Sonstige Ausgaben
Können Lehrgänge für den Beruf sein, die du privat zahlen musst. Hast du solche Ausgaben, dann setzt du die entsprechenden Ausgaben ein.

Dein Steuerberater kann dir bestimmt die notwendige Hilfestellung geben. **Achtung:** Von den Betriebseinnahmen werden **pauschal 30 %** als Betriebsausgaben abgezogen, sofern du nicht höhere Betriebsausgaben nachweisen kannst.

Gewinn im Vergleich zu den Vorjahren

Hier will man von dir wissen, ob sich der Gewinn gegenüber den Vorjahren, nicht verringert, oder verringert hat. Entsprechendes ist von dir anzukreuzen und zu erläutern.
Einkommensteuerbescheid oder sonstige, geeignete Unterlagen als Nachweis deiner Schätzung sind in Kopie beizufügen.
Jetzt fehlen nur noch Datum und Unterschrift um die Richtigkeit deiner Angaben unter der Selbsteinschätzung zu bestätigen!

Checkliste Unterlagen:

Zusatzblatt 2.2 ► bei Arbeitsentgelt aus einer Beschäftigung

Rentenbescheid ► bei Rente, Pension

Belege ► Nachweis für höhere Aufwendungen Fahrten Wohnung/Arbeit

Belege ► Nachweise für gesetzliche Versicherungen

Unterhaltstitel u. ► bei Unterhaltsleistungen an unterhaltsberechtigte Kontoauszüge Personen

Prognose ► Einkommen aus selbständiger Tätigkeit Einkommensteuer-Bescheid Vorjahr

Zusatzblatt 3 – Zur Feststellung des zu berücksichtigenden Vermögens

Vermögen? wirst du dich fragen.
Ein wenig darfst du behalten, denn es gelten **folgende Freibeträge:**

200 € pro Lebensalter, jedoch maximal 13.000 € pro Person (26.000 € für Paare) sowie ein Pauschalbetrag von 750 € (Regelleistung).

Eine Sonderregelung gilt für vor dem 1.1.1948 Geborene: Hier gilt ein Freibetrag von 520 € pro Lebensjahr, jedoch maximal 33.800 € und die Pauschale von 750 €.

Nicht selbst genutzte Immobilien gehen in die Vermögensanrechnung ein und müssen verkauft werden, wenn **der Verlust beim Verkauf nicht größer als 10 Prozent** des Verkehrswertes ist.
Die **Zumutbarkeit der Verlustgrenze von 10 Prozent** gelten auch für anderes Vermögen.
So ist eine Lebensversicherung nur vorzeitig aufzulösen, wenn die vorzeitige Auflösung (Kündigung) zu nicht mehr als 10 Prozent Verlust der eingezahlten Beiträge führt.
Autos über einem Wert von 4700 € müssen verkauft werden.

Erhaltene Schenkungen in den letzten 10 Jahren sind offen zu legen. Es könnte ja sein, dass da noch etwas übrig ist.

Jetzt hast du erst einmal einen groben Überblick und kannst jetzt gemeinsam mit uns an das Ausfüllen des Formulars gehen.

Seite 1:
im oberen Abschnitt gibst du wie immer deine persönlichen Daten ein. (Dieser Antrag muss vom Antragssteller für alle zur Bedarfsgemeinschaft gehörenden Mitgliedern ausgefüllt werden.)

Der nächste Abschnitt weist dich darauf hin, was alles zum Vermögen gehört, egal ob du es im In- oder Ausland besitzt. Und dass du sämtliche Angaben zu belegen hast.

Zeile 1: wenn du oder jemand, der zu deiner Bedarfsgemeinschaft zählt, Freistellungsanträge für Kapital-/Zinserträge erteilt hat, dann musst du die Anzahl der Anträge und von wem dieser Antrag erteilt wurde, angeben.

Zeile 2: hier werden die Geldanlagen und Konten erfragt.

Zeile 2.1: gib hier alle Girokonten mit dem Kontoinhaber und dem aktuellen Betrag an(am besten natürlich mit einem Minusbetrag).

Zeile 2.2: jetzt geht es ans Schlachten deines Sparschweins, denn hier musst du das im Haus befindlichen Bargeld eintragen und wem es gehört.

Zeile 2.3: hast du Sparbücher, so gehören Summe, Zinsen des letzten Jahres und Inhaber hier hinein.

Zeile 2.4: Aktien, Fonds, Sparbriefe lass von deinem Berater hier eintragen. Da hast du erst einmal selbst einen Überblick, was alles wirklich wert ist und manchmal hat dein Berater auch noch einen guten Tipp, wie man vielleicht doch noch etwas retten kann.
Keine falsche Scham, du bist nicht der einzige, der diese Hilfe in Anspruch nehmen muss.

Zeile 2.5: Kapitallebensversicherungen/private Rentenversicherungen musst du hier eintragen.
Dazu musst du die betreffende Versicherung eintragen, den Auszahlungsbetrag, den Rückkaufswert und die Versicherungssumme. Das kannst du der jährlichen Abrechnung entnehmen oder fragst deinen Versicherungsberater, ob er dir entsprechend helfen kann, denn eine Bestätigung brauchst du sowieso.

Zeile 2.6: hier geht es um eventuell bestehende Bausparverträge, wobei du den Inhaber und das angesparte Guthaben eintragen musst.

Zeile 3: Bist du oder jemand aus deiner Bedarfsgemeinschaft von der Rentenpflicht befreit, dann kannst du eine der oben aufgeführten Anlagen als Alterssicherung geltend machen. Vergiss nicht den Befreiungsbescheid, sonst wird diese Geltendmachung nicht anerkannt.

Zeile 4: Hat jemand von euch beispielsweise eine Riesterrente, so muss diese belegt und mit dem Guthaben angegeben werden.

Zeile 5a: Hast du ein bebautes Grundstück oder eine Eigentumswohnung, dann trage dies hier ein mit Namen des Eigentümers, Grundstücksgröße, Verkehrswert, Wohnfläche, Einnahmen und Belastungen sowie ob es selbst bewohnt ist.

Zeile 5b: Unbebaute Grundstücke müssen in gleicher Form wie in Zeile 5a aufgeführt werden.

Zeile 6: und jetzt werden deine restlichen Vermögenswerte erfragt, wie Antiquitäten, Gemälde, Edelmetalle(nur Barren oder wertvoller Schmuck)usw. Hier genügt eine einfache Aufzählung bzw. wenn du für einen Gegenstand eine Versicherung abgeschlossen hast. Und denk daran, bei einem Wiederverkaufswert von unter 10% kann dich niemand zwingen, deine Werte zu verkaufen.

Zeile 7: gibt es in deiner Bedarfsgemeinschaft Kfzs, dann führt diese hier auf. Erst ab einem Wert von 5000 € musst du dich von deinem Wägelchen verabschieden.

Zeile 8: hast du jemanden in den letzten 10 Jahren Vermögen übertragen oder verschenkt, dann musst du das hier angeben. Schau dazu unter unseren Tipps nach.
In dem unteren linken Kästchen bestätigst du oder falls du minderjährig bist, dein gesetzlicher Vertreter, die Richtigkeit der Angaben und dass du Änderungen sofort mitteilst.
Im rechten unteren Kästchen legst du dar, welche Punkte die Änderungen betreffen und bestätigst dies mit deiner Unterschrift.

Zusatzblatt 4 – zur Eintragung weiterer Angehöriger

Reichen die vorgesehenen Felder im Hauptantrag nicht aus - weil deine Familie zur seltenen Kategorie der Großfamilie gehört - dann herzlichen Glückwunsch, du musst dieses Formular ausfüllen. Doch keine Angst, alles hast du schon einmal ausgefüllt und die Erklärungen hierzu findest du unter den Erläuterungen zum Hauptantrag ab Punkt III.

Zusatzblatt zur Feststellung des Umfangs der Hilfebedürftigkeit bei Vorliegen einer Haushaltsgemeinschaft

Dass eine Haushaltsgemeinschaft etwas anderes ist als eine Bedarfsgemeinschaft hatten wir dir schon zu Anfang erklärt. In einer **Haushaltsgemeinschaft wird davon ausgegangen, dass sich nahe Familienangehörigen gegenseitig unterstützen.** Mit diesem Formular kannst du das widerlegen. Die Beweislast liegt immer bei der Arbeitsgemeinschaft. Die einfache Annahme genügt nicht, trotzdem bleibe bei den Angaben bei der Wahrheit, die Sanktionen für Falschangaben sind hart.

Angaben zum/zur Hilfebedürftigen: hier gehören deine persönlichen Daten hinein, wie **Name, Vorname und deine Kundennummer**. Weiter will man von dir wissen, ob du von den in einer Haushaltsgemeinschaft lebenden Verwandten unterstützt wirst. Streichst du „nein" an, dann brauchst du nur noch zu unterschreiben und bist fertig.

Erhältst du Unterstützung, wie auch immer, musst du mit dem nächsten Abschnitt weitermachen.

Doch aufgepasst, alles was du hier **als freie Leistungen aufführst, wird dir als Ersparnis angerechnet und deiner Leistung entgegen gerechnet.**

Als nächstes will man von dir die Angaben zu den Personen von dir haben, die mit dir in einer Haushaltsgemeinschaft leben.

Auf der nächsten Seite wird der **Umfang der Leistungen, die du tatsächlich erhältst, erfragt.**

Geld: bekommst du beispielsweise ein Taschengeld, so musst du das hier eintragen und angeben in welcher Höhe und ob diese Zahlung monatlich, wöchentlich oder täglich erfolgt.

Unterkunft: lebst du bei deinen Eltern oder deiner Großmutter beispielsweise, dann gehören deine Angaben dazu hier hinein. Du musst ankreuzen, ob du **anteilig Miete zahlst oder nicht und in welcher Höhe**. **Aber aufgepasst!** Dein Anteil darf nicht die Gesamtkosten für die Unterkunft und Heizkosten übersteigen, denn dann wird Betrug vermutet. Dann lass lieber die Wohnung gleich auf dich als Mieter im Mietvertrag übertragen. Weiterhin werden Mieteinnahmen als Einnahmen gewertet und müssen beim Finanzamt angegeben werden.

Verpflegung: bekommst du freie Verpflegung oder gibst du ein Kost- /Verpflegungsgeld abgeben? Das musst du hier eintragen. Zahlst du eine Pauschale oder eine Art Abschlag für Unterkunft und Verpflegung, dann beziffere diese und weise sie nach.

Weitere Leistungen: bekommst du beispielsweise die gesamte **neue Kleidung von deinen Angehörigen jeden Monat geschenkt, dann ist das hier anzugeben.** Kleinere Dinge, wie das Geld für einen Kinobesuch, fallen unter Bagatellsummen und brauchen nicht von dir angegeben zu werden.

Dann hast du es geschafft, deine Unterschrift darunter und wenn eine Person aus deiner Bedarfsgemeinschaft dieses Formular ausfüllen musste und volljährig ist, dann deren Unterschrift mit darunter und fertig ist der Antrag.

Zusatzblatt „Sozialversicherung der Bezieher von Arbeitslosengeld II"

Wenn du freiwillig, privat und nicht gesetzlich versicherungspflichtig bist, dann kannst du einen **Zuschuss zu deinen Versicherungsbeiträgen für Kranken-, Pflege- und Rentenversicherung beantragen.** Doch du solltest dir das genau überlegen.
Erstens kannst du diese Befreiung von der Versicherungspflicht während des Bezugs des Arbeitslosengeldes II nicht mehr widerrufen und die Erstattung der Beiträge erfolgt nur in der Höhe der gesetzlichen Versicherungsbeiträge.

Zuerst musst du die **Nummer der Bedarfsgemeinschaft und die Kundennummer** eintragen.
Dann werden deine **persönlichen Daten** erfragt.
Nun musst du ankreuzen, welche Beiträge für welche Versicherung du erstattet haben möchtest, fügst die entsprechende, bestehende Versicherung in Kopie bei und kreuzt das dafür vorgesehene Feld an.
Dann musst du nur noch unterschreiben und schon bist du fertig.

Ärztliche Bescheinigung zur Anerkennung eines Mehrbedarfs für kostenaufwendige Ernährung

Hast du Diabetes oder bist auf Grund einer Allergie (oder ähnliches) gezwungen, eine kostenaufwendige Ernährung zu kaufen, so kannst du mit diesem Blatt einen Zuschuss beantragen. Das ist ganz einfach, weil du damit nur zu deinem Hausarzt gehen musst und er den Rest ausfüllt. Du trägst nur deine Bedarfsgemeinschaftsnummer und deine Kundennummer ein und das war es für dich.

Arbeitsbescheinigung gemäß §57 II. SGB

Dieses Blatt musst du deinem Arbeitgeber geben und er muss die Arbeitsbescheinigung vollständig ausfüllen. Du hast damit keine Mühe.

Veränderungsmitteilung - Arbeitslosengeld II/Sozialgeld

Angenommen, es hat Nachwuchs in der Familie gegeben oder du ihr wollt umziehen. Dann wirst du dieses Formular bekommen und staunen, was man nun alles von dir wissen will. Du musst auch nicht das ganze Formular ausfüllen, sondern nur den Abschnitt, der dich und deine Änderung betrifft.

So kannst du hier angeben, ob sich:

- ► deine Arbeitssituation
- ► deine Erwerbsfähigkeit
- ► deine Wohnsituation
- ► deine Bankverbindung
- ► deine Einkommensverhältnisse
- ► deine Vermögensverhältnisse
- ► die Anzahl deiner Bedarfsgemeinschaftsmitglieder
- ► sonstige persönliche bzw. wirtschaftliche Verhältnisse

verändert haben. Dies musst du natürlich auch belegen. **Auf gar keinen Fall dieses Formular verwenden** oder Änderungen ankreuzen, wenn du eine Änderung vom Amt bekommst. So manch einer hat es noch genauer genommen als die Ämter und eine Lawine von Unersuchungen losgetreten, die jahrelange Richtigstellungen dann zur Folge hatten.

Das war das letzte Formular. Jetzt kannst du noch in unseren Tipps ein wenig schmökern, vielleicht ist ja das eine oder andere für dich dabei.

Tricks und Tipps:

► Weitere Anträge bzw. Hinweise findest du als pdf-Datei bei **www.erwerbslosenforum.de/an.htm** , da hast du unter anderem auch Anträge für Weihnachtsbeihilfe,

GEZ- Befreiungsantrag

und vieles mehr.

► **Stiefkinder**

haben keinen Anspruch auf die Versorgung und Unterhaltung durch den angeheirateten Partner. Steht zwar dem Erziehungsberechtigten eine Art Unterhalt zu, aber man kann nicht erwarten, dass der Stiefvater sein Einkommen komplett den Bedürfnissen dem Stiefkind zur Verfügung stellt (**Sozialgericht Aurich, Beschluss vom 08.02.2005, S 25 AS 2/05 ER).**

► Alle Personen, die der

"Bedarfsgemeinschaft"

zugerechnet werden, müssen **für einander aufkommen**. Dadurch kannst du deinen Alg II-Anspruch ganz oder teilweise verlieren.

Doch aufgepasst, Bedarfsgemeinschaft ist nicht gleich Haushaltsgemeinschaft oder eheähnliche Gemeinschaft!

Lasst Euch also nicht zur Bedarfsgemeinschaft machen, nur weil ihr in einem Haushalt lebt; haushaltet konsequent eigenständig!
Wenn du also mit jemanden zusammen lebst, musst du ihn nicht mit angeben, wenn er besser verdient und **dich nicht mit unterstützt**. Eure Verhältnisse und dass der andere sein Geld nicht für dich einsetzt, ist ausschlaggebend!
Also widerspreche auch der "amtlichen Vermutung", dass du von im Haushalt lebenden Verwandten/Bekannten unterstützt wirst! Dazu gibt es grade wieder in jüngster Zeit einige interessante Entscheidungen der Sozialgerichte. Besonders zur Frage der „eheähnlichen Gemeinschaft" unter anderem auch ein Urteil vom Sozialgericht Dresden, Beschluss vom 18.05.2005 - AZ.: S 23 AS 175/05 ER - mit weiteren Verweisen auf Beschlüsse des SG Düsseldorf vom 18.04.2005, AZ: S 35 AS 107/05 ER; vom 22.04.2005, AZ: S 35 AS 119/05 ER (Quelle: **www.arbeitslosennetz.de**)

Zitat: *„Eine eheähnliche Gemeinschaft kann daher nur angenommen werden, wenn die Partner ausdrücklich bestätigen (finanziell) - auch in Zukunft füreinander einstehen zu wollen, denn nur dann ist das Kriterium der »Eheähnlichkeit«, das in Anlehnung an § 1360 BGB ein gegenseitiges »Unterhalten« fordert, erfüllt." (SG Dresden, Beschluss vom 14.06.05, AZ.: S 23 AS 332/05 ER)*

► Hausbesuche

zum Überprüfen deiner Angaben zu einer Haushaltsgemeinschaft **musst du nicht zulassen**.

Hier ein interessanter Auszug aus einem aktuellen Urteil des Landessozialgericht Sachsen- Anhalt:

„Es ist im Übrigen fraglich, ob bei einem Hausbesuch entscheidungserhebliche Tatsachen gefunden werden können, weil die Intimsphäre zur Feststellung einer eheähnlichen Gemeinschaft nicht ausgeforscht werden darf; insbesondere sind geschlechtliche Beziehungen für die eheähnliche Gemeinschaft nicht maßgeblich und dürfen auch nicht ermittelt werden
(BVerfG, Urteil vom 17. November 1992, 1 BvL 8/87; Beschluss vom 16. Dezember 1958 - 1 BvL 3/57, 4/57 und 8/58 - SozR Nr. 42 zu Art. 3 GG BVerfGE 9 S. 20)."
(Landessozialgericht Sachsen-Anhalt, Beschluss vom 22.04.05)

►Beweislast
liegt immer bei der Behörde, darum lass dich nicht in die Ecke drängen und Beweise erbringen, das alles tatsächlich so ist wie du sagst, sondern **fordere die Behörde auf, dir darzulegen, wie sie zu ihrer Vermutung gekommen sind. Ist es nicht stichhaltig und untermauert, was dir zur Last oder zum Nachteil ausgelegt wird, dann reiche einen Widerspruch ein.**

► Lass dich **nicht dazu drängen, von Verwandten**
Unterhalt
zu fordern. Unterhaltsansprüche verringern das ALG II nur, wenn du diese geltend macht, und dann auch nur, wenn sie für den gleichen Zeitraum wie der ALG II - Anspruch bestehen. Das heißt, man kann nicht von dir verlangen, auf den Unterhalt deiner Eltern zu warten, wenn diese nicht zahlen oder zahlen können. Du verstößt auch nicht gegen deine Mitwirkungspflicht, wenn du dich weigerst deine Eltern auf Auskunft über ihr Einkommens- und Vermögensverhältnisse zu verklagen. Du hast ein Recht auf das ungekürzte ALG II. Also er-

wähnst du am besten auch nichts von der reichen Erbtante, die dir ab und zu mal das Taschengeld aufbessert.

► Wichtig ist vielleicht auch noch, dass seit 2005 die

Eigenheimzulage

nicht auf das ALG II angerechnet wird, für alle die, die noch in den Genuss der Eigenheimzulage gekommen sind.

► Schätze deine

Vermögensgegenstände

nicht unnötig hoch ein. Wandele ungeschützte Werte (z.B. Bargeld oberhalb der Freigrenzen) in geschützte Gegenstände um (z.B. sinnvolle Haushaltsgeräte) um.

► Überlege dir genau, was wirklich

Vermögenswerte

sind, oder ob du sie nicht besser als **Haushaltsgegenstände** einordnest. Einen PC oder Laptop wirst du für die Arbeit brauchen oder für die Bewerbungen. Dieser zählt demnach nur zu den berufnotwendigen Gegenständen.

► Hast du vor kurzem noch Geld auf deinem Sparbuch gehabt und nun ist es fast leer, dann aufgepasst.

Geldgeschenke

können eingefordert werden, anders ist es mit **Gebrauchsgegenständen**, zum Beispiel mit einem PC für den Sohn oder einem Fernseher für die Oma. Niemand kann von dir verlangen, diese Dinge wieder zu verkaufen.

► **Sparbücher**
sind ja ganz nett, aber jeder Cent Zinsen, den du erhältst und der über den Freibetrag hinausgeht, wird auf dein ALG II angerechnet.

► **Tipp:** Richte dir ein
Guthabengirokonto
ein. Manche Banken weigern sich ein Girokonto für Arbeitslose zu eröffnen, also tritt an die Sparkasse deines Ortes heran und eröffne dort ein Girokonto auf Guthabenbasis. Du wirst es brauchen, da alle Zahlungen der AfA nur über Konten laufen und nicht mehr bar ausgezahlt werden.

► **angemessener PKW**
(bis 4700 €) zählt **nicht** zum Vermögen. Nicht angemessen dürfte der neueste Touran oder Mercedes sein. Dagegen geht ein Gebrauchtwagen der kleinen und mittleren Kategorie ohne Schwierigkeiten durch die amtliche Prüfung.

► Du kannst eine
GEZ- Gebührenbefreiung
beantragen, dieser Antrag muss mit jedem Folgeantrag neu beantragt werden. Formulare bekommst du bei der Post.

► Mit dieser Befreiung von den GEZ- Gebühren kannst du bei der Telekom einen
„Sozialtarif"
beantragen. Dafür kannst du 6 € vertelefonieren, aber der Grundbetrag bleibt gleich.

▶ Während deines Bezugs von ALG II bist du **weiterhin**

krankenversichert,

eine Ausnahme bilden die Sperrzeiten, da bist du nicht krankenversichert. Vorrangig wird natürlich die Familieversicherung bevorzugt. Warst du mindestens fünf Jahre vor Beginn des Bezuges von Arbeitslosengeld II nicht gesetzlich krankenversichert, kannst du einen Zuschuss bis max. 125,- € plus 14,86 € für die Pflegeversicherung zur bisherigen Versicherung erhalten.

▶ **Du bist auch während der Zeit des Leistungsbezugs**

rentenversichert

es sei denn die Leistung erfolgt als Darlehen oder einmalige Zahlung. Der monatliche Beitrag zur gesetzlichen Rentenversicherung ist abhängig vom jeweiligen zu Grunde zu legenden Versicherungszweig: 78,- € (Angestellte und Arbeiter) bzw. 103,60 € (Knappschaft). Warst du vor Beginn des Bezuges in der Rentenversicherung nicht versichert, erhalten bei Befreiung von der Versicherungspflicht einen Zuschuss von 78,- € zu den Beiträgen.

▶ Riesterverträge

sind gemäß § 12 Abs. 2 Nr.2 SGBII in Höhe des geförderten Vermögens einschließlich seiner Erträge und der geförderten laufenden Altersvorsorgebeiträge geschützt. Was eigentlich nur bedeutet, kannst du durch den Vertrag nicht vorher über das eingezahlte Geld verfügen, dann sind 200 € je Lebensjahr und bis zu einer maximalen Höhe 13.000 € der Riestervertrag durch den Freibetrag abgesichert. Alles was darüber hinausgeht, wird auf deinen Anspruch angerechnet. Kannst du über deine

Lebensversicherung verfügen und du hast schon einen Rückkaufswert angespart, geht diese Summe voll zu Lasten deines ALG II.

► Es gibt für dich Fördermöglichkeiten unter dem §16 SGB II. Unter anderem die

Erstattung von Bewerbungskosten

(§ 45 S. 2 Nr. 1) maximal 260 € jährlich unter Vorlage der Quittungen und die

Fahrkosten

(§45 S. 2, Nr. 2) zu einem Vorstellungsgespräch. Die Fahrkosten werden übernommen, wenn es sich dabei um ein öffentliches Verkehrsmittel handelt, du alle möglichen Ermäßigungen in Anspruch nimmst und nicht grade 1. Klasse fährst (§ 46).

Benutzt du dein eigenes Auto, dann hast du Anspruch (BRKG §5 Abs. 1) von 20 Cent je zurückgelegten km, maximal bis zu einer Höhe von 130 €.

► Weiterhin steht dir bei mehrtägigen Fahrten (wenn du mehrere potentielle Arbeitgeber in einer Region aufsuchst) für jeden vollen Kalendertag 16 € und für die Tage der Hin- und Rückfahrt je 8 € (als eine Art

Verpflegungspauschale)

im Monat aber nicht mehr als 136 € zu.

► Außerdem werden dir die

Übernachtungskosten

bis zu einem Betrag von täglich 16 € erstattet. Beinhaltet der Übernachtungspreis auch das Frühstück, so werden von vorn herein 5 € abgezogen. **Tipp**: Rede mit dem Pensionswirt, denn dem ist es meisten egal, ob er die Frühstückskosten extra aufführt. *(In wie weit der § 82 in*

Zukunft tatsächlich Anwendung finden wird, ist fraglich. Denn darin ist die Rede von einer Unterkunftsentschädigung von 31 € pro Tag bis maximal pro Kalendermonat 340 € sowie einer Verpflegungspauschale von 18 € pro Tag bis maximal 136 € pro Monat.)

► Kaum bekannt dürfte die

Kostenübernahme für eine Kinderbetreuung

bei der notwendig entstehenden Abwesenheit in Höhe von 130 € monatlich sein (§ 83).

► Dir stehen so genannte

Mobilitätshilfen

zu. Darunter fallen folgende Hilfen, die du zur Ausübung und Aufnahme einer beruflichen Tätigkeit benötigst:

Übergangsbeihilfe

dabei handelt es sich um eine Leistung, die zwischen dem letzten Regelsatz und der ersten Lohnzahlung gezahlt wird. Sie erfolgt als Darlehen bis zu 1.000 €. Diese ist zwei Monate nach der Auszahlung in 10 Raten gleicher Höhe zurück zu zahlen.

Ausrüstungsbeihilfe

diese wird dir für die notwendige Anschaffung von Bekleidung und Geräte für die Arbeit bzw. Ausbildung gezahlt. Hier werden bis zu 260 € erstattet. Ein Armanianzug zählt aber nicht darunter.

Reisekostenbeihilfe

die erhältst du in Höhe von maximal 300 € für die Fahrt zu deiner auswärtigen Arbeits- oder Ausbildungsstelle. Mit dem Auto hast du Anspruch auf 20 Cent pro gefahrenen km (§81 SGB III).

Fahrkostenbeihilfe

bei einer auswärtigen Arbeitsaufnahme werden so ein Teil der Kosten für die täglichen Fahrten zwischen deiner Wohnung und der Arbeitsstelle übernommen. Es werden maximal die ersten 6 Monate deiner Beschäftigung berücksichtigt.

Trennungskostenbeihilfe

bis zu 260 € erhältst du in den ersten 6 Monate bei einer getrennten Haushaltsführung. Das heißt, hast du in einem entfernten Ort eine Arbeit gefunden und beziehst da eine Wohnung, pendelst aber zu deiner Frau am Wochenende nach Hause, weil ihr noch keine passende Wohnung gefunden habt, dann habt ihr sicherlich zwei Wohnungen und durch diese zweifache Haushaltsführung Mehrkosten. Diese sollen teilweise durch diese Beihilfe aufgefangen werden.

Umzugkostenbeihilfe

diese kann dir gezahlt werden, wenn dein neuer Arbeitsplatz außerhalb des Tagespendelbereiches(mehr als 2,5 Stunden am Tag) liegt und du dadurch gezwungen bist umzuziehen.
Die Kosten dafür betreffen einen Umzug innerhalb von 2 Jahren nach der Aufnahme der Arbeit und sind nur für die Beförderungskosten der Möbel von deiner alten zur neuen Wohnung gedacht.

Auf diese Leistungen besteht kein Rechtsanspruch. Es handelt sich hier um Kann- Bestimmungen und richtet sich nach den vorhandenen Haushaltsmitteln. (§§ 53 I, II Nr. 1 und 54 I drittes SGB)

Tipp: Mobilitätshilfen stehen dir auch bei einer Arbeitsaufnahme im

Ausland

zu und du solltest sie auf alle Fälle beantragen. Im Übrigen ist die Gewährung auch von Härtefallregelungen bestimmt. **Die Leistungen müssen immer vor Entstehen der Kosten beantragt werden.**

Weiterhin kannst du die

Übernahme von Lehrgangskosten

(§ 80 SGB III) beantragen. Lehrgangskosten beinhalten die Lehrgangsgebühren, Arbeitsbekleidung, Prüfungsstücke und Prüfungsgebühren (für anerkannte Prüfungen), sowie die Kosten für die erforderliche Eignungsfeststellung. Die Eignungsfeststellung umfasst die ärztliche und psychologische Beurteilung zu Vermittlung oder Berufseignung und ist kostenlos (§32).

Beratungsangebot

laut § 29 ist nichts anderes als das Beratungsgespräch zwischen dir und der Mitarbeiter/In der AfA oder Arbeitsgemeinschaft, wobei du über deine Möglichkeiten informiert werden sollst.

Ein weiteres Angebot in dieser Richtung ist die
Berufsorientierung
Dabei geht es im groben nur um die Möglichkeiten der Umschulung oder des Neuorientieren auf andere Berufsgruppen.

Maßnahmen zur
Verbesserung der Eingliederungsaussichten
sind im Allgemeinen die Trainingsmaßnahmen, Vermittlungsangebot und Eingliederungsmaßnahmen wie der **1-Euro-Job** und die **Minijobs**.

Es gibt noch die so genannten
einmaligen Beihilfen
Diese werden unterteilt in:

► Erstausstattung für die Wohnung einschließlich Haushaltsgeräte(§ 23 Abs. 3, Nr. 1 SGB II)
► Erstausstattung für Bekleidung wie bei Schwangerschaft und Geburt(§ 23 Abs. 3 Nr. 2 SGB II)
► Mehrtägige Klassenfahrten im Rahmen der schulischen Bestimmungen(§ 23 Abs. 3 Nr. 3 SGB II).

Dieser Erstausstattungsanspruch besteht nicht nur einmal, sondern auch, wenn die
Grundausstattung aus besonderen Gründen wie z.B.

► einem Wohnungsbrand
► Auszug aus dem Elternhaus
► nach Trennung vom Partner (kein Hausrat Beispielsweise)
► für Obdachlose, die eine Wohnung einrichten

► nach einer Zwangsräumung, wenn der Hausrat nicht eingelagert wurde oder durch falsche Lagerung unbrauchbar wurde.

Hast du mehrere versicherungspflichtige Beschäftigungsverhältnisse und verlierst eines davon, dann hast du Anspruch auf

Teilarbeitslosengeld

Laut § 150 SGB III erhältst du mit einem Kind 67% des pauschalisierten Nettoentgelts, ansonsten 60% für längstens 180 Kalendertage und musst deine Eigenbemühungen um einen Job nachweisen.

Wirst du wegen eines unvermeidbaren Arbeitsausfalls deiner Firma auf Kurzarbeit gesetzt, hast du Anspruch auf

Kurzarbeitergeld

Dein Anspruch setzt sich aus dem Unterschiedsbetrag zwischen dem pauschalisierten Nettoentgelts (was ohne Arbeitsausfall erzielt wäre) dem Entgelt, das du während der Kurzarbeit erzielst, zusammen.

Kann dein Arbeitgeber dir nichts mehr zahlen, weil er zahlungsunfähig ist, dann hast du Anspruch auf

Insolvenzgeld

Du bekommst es, wenn du den Antrag innerhalb von 2 Monaten nach Bekanntgabe der Insolvenz stellst und das in der Höhe deines Nettoarbeitslohns, wenn für die letzten drei Monate nichts gezahlt wurde.

Bist du auf im

Baugewerbe

beschäftigt, dann bekommst du unter anderem

Mehraufwands- Wintergeld

(in Höhe 1,03 € pro Arbeitsstunde vom 15. Dezember an bis Ende Februar, der Antrag muss durch deinen Arbeitgeber gestellt werden),

Zuschuss-Wintergeld

(auch hier in Höhe von je 1,03 € für jede berücksichtigungsfähige und witterungsbedingt ausgefallene Arbeitsstunde in der Schlechtwetterzeit und für Arbeitnehmer, die keine tarifliche Arbeitszeitregelung haben. Auch hier muss der Antrag durch den Arbeitgeber gestellt werden), ebenso wie beim

Winterausfallgeld

Bist du behindert, so hat die AfA für dich besondere Fördermöglichkeiten. Diese sind nicht nur

für schwer behinderte Arbeitslose

vorgesehen, sondern auch, wenn das Amt bei dir einen Behinderungsgrad von unter 50 % festgestellt hat. Auch wenn du Leistungen von der AfA erhältst, schließt das nicht Leistungen wie Pflegegeld (die auch nicht als Einkommen zählen) aus. So kannst du folgende Leistungen erhalten:

► für Behinderte wird bei der Berechnung des ALG I und des ALG II ein prozentualer

Zuschlag

von 35% auf 90 – 80 % des Regelsatzes zusätzlich gezahlt.

► Auch wenn du

dauerhaft krank

bist, steht dir als Behinderter der Bezug von Leistungen nach ALG II zu. Wichtig ist nur, dass du einen Monat nach der Erkrankung einen Rentenantrag stellen musst.

► Alle schon angeführten Unterstützungen gelten auch für Behinderte

► Bei der Berechnung angemessener Unterkunftskosten müssen die **behindertenspezifische Nachteile** unter dem Aspekt der Menschenwürde und des Einzelfallgrundsatzes berücksichtigt werden(§ 1 Abs. 1 Nr. 5 SGB II). Im Übrigen werden die

Kosten für die Beschaffung und Ausstattung einer behindertengerechten Wohnung

erstattet.

► **Technische Arbeitshilfen**

werden in voller Höhe übernommen, wenn sie nicht in das Eigentum des Arbeitgebers übergehen und zur Ausübung einer Tätigkeit benötigt werden.

► **Kraftfahrzeughilfen**

werden bis zu einer Höhe von 9500 € gewährt. Ein höherer Zuschuss ist möglich, wenn auf Grund der Behinderung ein größeres Fahrzeug notwendig ist. Dies bekommst du nur, wenn du es für die Mobilität wie den Weg zwischen deiner Wohnung und der Arbeit benötigst. Die Förderdauer beträgt mindestens 5 Jahre.

Darunter fallen auch die Kosten für die

Fahrerlaubnis

und eine **behindertengerechte Zusatzausstattung** der Kfzs. In Härtefällen wird auch für **Beförderungsdienste** gesorgt.

► Unterstützung durch Integrationsfachdienste

helfen dir bei der Bewerbung und Einarbeitung an deinem neuen Arbeitsplatz. Falls du eine Hilfe am Arbeitsplatz brauchst, so wird dir diese durch eine **Arbeitsassistenz** gestellt.

► Kosten für nichtorthopädische Hilfsmittel

werden ebenso übernommen.

► Behindertenspezifische Bildungsmaßnahmen

fördern deine Eingliederung in den Arbeitsmarkt und du erhältst sämtliche Lehrgangsgebühren und Leistungen zum Lebensunterhalt. Leistungen zum Lebensunterhalt sind:

Übergangsgeld

Berechnung für das Übergangsgeld sind 80% des erzielten Arbeitseinkommens.

Ausbildungsgeld

wird dir dann gewährt, wenn kein Anspruch auf Übergangsgeld besteht. Das gilt auch für eine Grundausbildung oder eine Maßnahme in einer Werkstatt für Behinderte.

Tipps für erwerbsfähige Pflegepersonen:
Wenn du einen nahen Angehörigen pflegen musst und dieser eine Pflegestufe von der Krankenkasse dafür bekommt, dann lies dir auch das Kleingedruckte im Pflegevertrag durch, denn das hat durchaus Auswirkungen auf die Möglichkeit deiner Arbeitsvermittlung.

Beispielsweise du als Pflegeperson für einen Pflegefall der **Stufe III** kannst gar keine Arbeit mehr aufnehmen, da das eine Pflege rund um die Uhr darstellt.
Bei einem Pflegefall der **Stufe II** ist eine wöchentliche Arbeit von 15 Stunden zulässig und bei einem Pflegefall der **Stufe I** ganze 30 Stunden.
Wie die Pflegestufe beantragt wird, zeigen wir dir im Ratgeber über „Pflegestufen“.

Angenommen du hast drei Kinder und bei allen dreien wurde auf Pflegestufe I erkannt, ist eine Arbeitsaufnahme fast ausgeschlossen, da es sich um drei verschiedene Pflegefälle mit unterschiedlichen Betreuungszeiten handelt. Deshalb lege die Bescheinigungen von vornherein mit zu deinem Antrag. Wirst du also zu einem Termin wegen deiner Vermittlung eingeladen, dann verweise darauf, dass du nicht für die Vermittlung zur Verfügung stehst, da du Pflegeperson bist (das funktioniert nur bei Pflegestufe III oder mehreren Pflegefällen innerhalb der Familie.
Niemand auch die AfA wird von dir erwarten, dass du deine kranken Kinder in Betreuungsheime gibst, zumal du das Recht hast, frei zu wählen, welche Betreuung in Frage kommt.

Nun zu einem Punkt, der viele reizt, aber letztlich schrecken fast 90% vor der Verwirklichung zurück. Das ist der Weg in die

Selbständigkeit

durch **Ich- AGs** gefördert durch **Überbrückungsgeld** und den **Existenzgründungszuschuss**, wenn dadurch die Arbeitslosigkeit beendet wird.

► Überbrückungsgeld wird an Arbeitslose von ALG I und II sowie Teilnehmer an ABM/ SAM, 6 Monate lang in der Höhe gezahlt, den man vorher als Regelsatz erhielt. Zusätzlich werden pauschalierte Sozialversicherungsbeiträge gezahlt, um sich selbst versichern zu können. Dazu musst du eine Bescheinigung von einer fachkundigen Stelle wie IHK, Handwerkskammer oder Kreditgebendes Institut erbringen, dass deine Aussicht auf Selbständigkeit tatsächlich Erfolg hat.

► Für den Existenzgründerzuschuss bei Ich- AGs oder Familien- AGs gilt das gleiche wie beim Überbrückungsgeld, jedoch darf dein zu erwartendes jährliches Einkommen 25.000 € nicht überschreiten und der Zuschuss muss jährlich beantragt werden und wird für eine Dauer von drei Jahren gezahlt. Im ersten Jahr 600 € monatlich, im zweiten Jahr 360 € monatlich und im dritten Jahr 240 € monatlich. **Achtung,** eine gemeinsame Förderung mit Überbrückungsgeld ist nicht möglich, du musst dich also für **eine** der Möglichkeiten entscheiden.

(Anmerkung: ab dem 01.08.2006 ist eine Übergangsreglung vorgesehen für das Überbrückungsgeld und den Existenzgründerzuschuss, und zwar als **Gründungszuschuss.** Bereits gezahlte und vereinbarte Zuschüsse bleiben von der neuen Regelung unberührt.

Nachzulesen unter:
http://www.arbeitsagentur.de/nn_26400/Navigation/zentral/Buerger/Hilfen/Existenzgruendung/Existenzgruendung-Nav.html)

Seit dem 01.08.2006 gibt es nur noch den Gründungszuschuss.

Gründungszuschuss

setzt sich aus dem Existenzgründerzuschuss (Ich- AG) und dem Überbrückungsgeld zusammen. Die Förderung von Existenzgründungen aus der Arbeitslosigkeit wurde somit endgültig neu gestaltet. Dazu musst du mindestens 90 Tage Arbeitslosengeld I oder II bezogen haben und einen guten Businessplan vorlegen. Der Zuschuss wird in zwei Phasen gezahlt. Für neun Monate wird der Zuschuss in Höhe des zuletzt bezogenen Arbeitslosengeldes zur Sicherung des Lebensunterhalts und 300 € zur sozialen Absicherung gewährt. Für weitere sechs Monate können 300 € pro Monat zur sozialen Absicherung gewährt werden, wenn eine intensive Geschäftstätigkeit und hauptberufliche unternehmerische Aktivitäten dargelegt werden, wenn also alles gut läuft in deinem Geschäft.

Bist du 65 Jahre hast du keinen Anspruch auf den Gründungszuschuss, auch fällt der Zuschuss weg, wenn du das 65. Lebensjahr während Bezugszeit vollendest.

Die Dauer des Anspruchs auf Arbeitslosengeld mindert sich (in den ersten neun Monaten der Förderung) um die Anzahl von Tagen, für die ein Gründungszuschuss gezahlt wurde.

Bist du älter als 55 Jahre, dann kann auch dein Arbeitgeber für dich Leistungen beantragen, den so genannten

Eingliederungszuschuss für Ältere

Weiterhin gibt es die

Entgeltsicherung für ältere Arbeitnehmer

Die erhältst du als Zuschuss von 50% zu dem Betrag, welcher bei der Berechnung deines ALG zugrunde lag und dem neuen Nettoentgelt, wenn dieses niedriger ausfällt, als dein vorheriger Verdienst, sowie einen zusätzlichen Beitrag zur Rentenversicherung und das so lange wie dein Arbeitslosengeldanspruch weiter bestanden hätte. Was kaum jemand weiß: auch wenn du dein 50. Lebensjahr vollendet hast und damit eine drohende Arbeitslosigkeit vermeiden kannst, steht dir dieser Zuschuss zu. Die Rechtsgrundlage hier bildet § 421 j SGB III.

Hier noch einen **Tipp** zum Abschluss:
Beliebt war es bei unseren Ämtern dir die Schuld an Rechnungsfehlern der Behörde zuzurechnen und von dir das

Geld zurück zu verlangen

Dem wurde ein Riegel vorgeschoben durch das hessische Landessozialgericht in dem Urteil **Az.: L9 AS 33/06**. Danach **musst du zuviel gezahltes Geld nur dann zurückzahlen, wenn man dir Bestechung, Täuschung oder Drohung nachweisen kann.**

Bei ernsten Problemen mit der Leistungsgewährung wurde ein

Ombudsrat

eingerichtet, der um eine einvernehmliche Lösung bemüht ist: Postanschrift:
Ombudsrat - Grundsicherung für Arbeitsuchende, Postfach 040140, 10061 Berlin, Telefon: 0800/440055-0 (Mo-Do 9-17 Uhr, Fr 9-15 Uhr).

Es gibt noch einige Leistungen an Einstellungsbetriebe, auf die wir hier nicht näher eingehen. Diese sind ersichtlich bei jeder AfA und es handelt sich dabei um Lohnkostenzuschüsse wie Eingliederungszuschüsse, Einstellungszuschüsse, Zuschüsse zur Förderung beruflicher Weiterbildung, zur beruflichen Rehabilitation, zur Eingliederung behinderter Menschen, Kurzarbeitergeld, Leistungen nach Altersteilzeitgesetz und die berühmte 58iger Regelung.

Sollte das allein nicht genügen und du brauchst mehr Informationen über verwandte Themen, so empfehlen wir dir aus unserer demnächst erscheinenden Ratgeberserie:

Kinder, Kinder- Tricks, Tipps, Formularerklärungen rund um die Leistungen für Kinder

Pflegeleistungen, Sozialleistungen- Tricks, Tipps, Formularerklärungen

Was Recht ist- rechtliche Hilfen und Erklärungen

BaföG, Bildungskredit – Tricks, Tipps, Formblatterklärungen, Anlaufstellen

Haushalt und Finanzen, die kleinen Hilfen im Alltag Inkl. Privatinsolvenz

Stiftungen- ein Auslaufmodell? Adressen und Leistungen, Checklisten

Inhaltsverzeichnis: